암과 살아도 다르지 않습니다

암과 살아도 다르지 않습니다

이연 지음

봄풀

# 차례

## 그리고, 삶

# 나는 하나의 개체에 불과했다

의사들에게 몸은 아주 단순한 것, 세포들의 조합일 뿐이지. X선
촬영, 초음파 검사, 단층촬영, 피검사의 대상, 생물학, 유전학,
분자생물학의 연구 대상, 항체를 생성해내는 기관. 결론을 말해
줄까? 이 시대의 몸은 분석을 하면 할수록, 겉으로 드러내면 드
러낼수록 덜 존재한다는 거야. 노출과 반비례하여 소멸되는 거
지. 내가 매일 일기를 쓴 건 그와는 다른 몸, 그러니까 우리의
길동무, 존재의 장치로서의 몸에 관해서란다.

–다니엘 페나크의《몸의 일기》중에서

지금부터 하는 이야기는 3년 남짓 암과 함께 삶을 떠돈 내 이
야기다. 길고 지루하고 불편한 이야기가 될 예정이다.

사람들 인식 속 암은 '사형 선고'였다. 내게 암은 현실이면서
비현실이었다. 엄마와 언니가 암 환우였다. 가까이에서 보는 그
녀들의 삶은 일반인과 다르지 않았다. 평온해 보였다. 무심한
딸이고, 동생이었다. 가족 중 두 명이 암 환우였지만, 내 삶은

'질병'과 '아픔', '투병'과 무관할 거라며 자만했다.

　내가 아는 죽음의 유형은 '자연사' 아니면 '자살'이었다. '병사病死'는 인생 시나리오에 없었다. 어느 날, 암 환우가 되었다. 병들이 점령한 삶엔 '병사病死'가 추가되었다.

　인식의 땅을 뚫고 솟아오른 투명 장벽이 나를 에워쌌다. 나는 사람들 시야에서 줌아웃되며 순식간에 세상과 단절되었다. 그 장벽 안에서 엄마와 언니의 처참한 삶을 마주했다.

　암 환우가 되자 지인들은 누구랄 것 없이 나와 비슷한 암을 경험한 사람들의 희망적인 이야기와 유익한 투병 정보를 실어날랐다. 그 모든 걸 수용하고, 그들의 성의에 일일이 고마움을 표현하기엔 내 마음이 좁고 얕았다. 내 아픔만으로도 지치는데 다른 사람 아픔까지 알아야 해? 아무리 몸에 좋아도 그렇지. 이걸 어떻게 다 먹어? 그들과 나는 서로 다른 이유로 어이없어했다.

　암 환우인 나의 기피 대상 1순위는 '암'이었다. 일상에서 약 냄새 진동하는 이야기는 모두 걸러냈다. 우울해지기 싫었다. 타인의 아픔과 고통을 마주하는 게 치유에 무슨 효과 있냐며 반문했다. 환우를 위한 각종 프로그램엔 눈길도 주지 않았다. 건강한 사람들이 베푸는 작위적 친절에 장단 맞추기 싫었다. 나의 병들은 일시적 현상이었다. 나는 금방 건강해질 거였다. 암과 흥정하고 타협할 이유가 없었다.

　어두운 방에 고립된 내가 안쓰러운 엄마는 억지로라도 웃어야 한다며, 노래 교실을 추천했다. 효과만 확실하다면, 몇 가닥 남지 않은 머리카락 비니로 숨기고 사람들 틈에 섞여 통통 부은 손으로 손가락뼈가 부러져라 손뼉 치며 성대가 망가지도록 노래 불렀겠지만, 그럴 것 같지 않았다. 무엇보다 신이 나지 않았다.

그런 내가 이 글을 쓰는 이유는 뭘까. 삶의 반추? 자기 성찰? 기록? 치유? 누구를 위해? 왜? 대상과 이유는 불분명하다. 중요해 보이지도 않는다. '기록'이라 하고 일단, 쓴다. 이 과정의 끝이 치유와 맞닿을지, 또 다른 세상으로 이어질지, 지금으로선 알 수 없다. 다 털어놓기까지 용기와 결단이 필요했다. 암은 게으른 회의론자인 내게 끝없이 용기를 요구하며 성가시게 굴었다.

이 글은 거기에 부응하는 작은 성의다.


처음 병원에 들어선 건 건강검진에서 이상이 발견된 오른쪽 유방 때문이었다. 2017년 여름이었다. 겨드랑이에서도 작지 않은 멍울이 잡혔다. 직장 근처 병원에서 유방 외과 진료를 받았다. PET 촬영과 CT 촬영, 세침검사 결과 암이었다. 암세포는 유방과 겨드랑이, 목에 있었다. 서둘러 직장을 그만두고 대형병원으로 옮겼다.

종양 크기가 컸다. 항암치료 후 수술하기로 했다. 2017년 10월 16일부터 3주에 한 번, 총 8회 종양내과에서 항암치료를 받았다. 그로부터 3주 후 2018년 4월 17일, 외과에서 오른쪽 유방 전절제 수술을 받았다. 그리고 2018년 5월 29일부터 방사선 종양내과에서 35번의 방사선 치료를 받았다. 장미 만발한 봄에 시작한 치료는 여름 휴가를 앞둔 7월 12일 끝났다.

나는 '항암치료-수술-방사선 치료' 순서로 진행된 '표준치료'가 끝나면 이전 삶으로 자동 복귀할 줄 알았다. 가당치도 않은 믿음이었다. 암과의 싸움은 아직 시작하지도 않았다. 표준치료는 본격 싸움을 앞둔 몸풀기였다. 본경기 견딜 맷집 키우는 혹독한 훈련이었다. 그땐 그걸 알 수 없었다.

방사선 치료가 끝나자 종양내과 주치의가 임상시험을 권했다. 위약군이라 2주에 한 번, 4주에 한 번, 3개월에 한 번 '놀바덱스'라는 항호르몬 약을 처방받아 복용했다. 혈액검사에서 콜레스테롤 수치와 당 수치가 높게 나왔다. 가정의학과 주치의와 오랜 실랑이 끝에 약을 먹기로 했다. 유방을 수술하면서 오른쪽 림프까지 절제했다. 이번엔 재활의학과에서 오른팔 림프부종 치료를 받았다.

가만히 있어도 땀이 줄줄 흐르는 2018년 여름. 2주간 물리치료와 압박붕대 치료를 받았다. 꾸준한 관리가 필요했다. 증상에 따라 2개월, 3개월, 5개월 간격으로 진료받았다. 숨이 턱턱 막혔다.

임상시험에 참여한 지 2년이 되어가던 2020년 5월 28일 암이 재발했다. 재발한 암 종류를 확인하기 위해 피부과에서 조직검사를 진행했다. 결과는 이전과 동일 암이었다. 다시 원점. 데자뷔처럼 이어지는 PET 검사와 CT 검사. 여기저기 암세포가 퍼졌다. 목, 등, 어깨, 왼쪽 유방. '다행히' 원격 장기는 괜찮았다.

유방외과 전문의는 더는 해줄 게 없다며 종양내과에 나를 버렸다. 종양내과에선 폐경이 되어야 싼값에 약 먹을 수 있다며 산부인과 수술을 권했다. 한 달 넘게 비가 내리던 2020년 여름. 난소 난관절제 수술을 받았다. 몸은 그로기 상태. 영혼은 자포자기 상태. 암이 날리는 날카롭고 강한 펀치에 몸은 휘청였고, 영혼은 너덜거렸다. 수술 후 혈액검사에서 갑상선 호르몬 수치가 높게 나왔다. 내분비내과 진료가 추가되었다.

내가 다니는 병원은 건물이 3개 동으로 연결된 대형병원이다. 진료는 하루에 몰아서 예약했다. 병원 갈 때마다 동관에서 서관으로, 서관에서 동관으로, 동관에서 다시 신관으로 이동하며 진료받았다. 채혈 횟수와 병원 오는 일정은 최대한 줄였다. 진료 일정이 많은 날은 아침에 시작한 진료가 저녁에 끝났다. 그런 날은 병원에서만 만 보 가까운 걸음을 걸었고, 집에 돌아오면 그대로 쓰러져서 다음 날 아침까지 잤다.

컨베이어 벨트에 올라탄 물건처럼 아픈 부위에 따라 몇 개의 진료과를 전전했다. 인상 쓰지 않았다. 투덜거리지 않았다. 소리 지르지 않았다. '감사하다'는 말을 입에 달고 다니는 예의 바른 환우였다. 아픈 게 죄는 아니었지만, 고개가 꺾이고 어깨가 움츠러들었다. 이유 없이 죄인이 되어 스스로 감금시켰다.

의사들은 새로운 증상이 나타날 때마다 '협진'이라는 이름으로 친절하게 새 전문의를 연결해주고 깔끔하게 손을 털었다. 도대체 얼마를 더 살자고 이러고 있나 회의가 들었다. 이 병원에 내 몸 전체를 볼 수 있는 의사가 있기는 할까. 눈 감고 코끼리 몸통 더듬는, 전체를 아우르지 못하는 전문화가 무슨 소용일까.

의사들은 현미경으로 자신이 맡은 부위만 들여다봤다. 그 외의 부위에 대해서는 모르거나 모른 척했다. 병원에서 나는 혈액으로 존재했고, 암세포로 존재했고, 림프액으로 존재했고, 호르몬으로 존재했다. 조각조각 분해되고 잘린 그 부위들이 '나'일까? '나'라고 말해도 될까?

병원에서 감정과 사유를 가진 존재로서의 나는 없었다. 분명 내 몸에서 나온 '피 한 방울', 내 몸에서 나온 '암세포', 내 몸에서 나온 '호르몬'이었지만, 그것들이 '나'는 아니었다. 그 모두를 모아도 그건 '내'가 아니었다. 병원에서 나는 '누구'가 아닌 '무엇'이다. 영혼 없는 물질 상태의 '무엇.' 존재가 아닌 대상이었다.


카츠 선생님의 말에 나는 등골이 오싹했다. 병원에 갔다 하면 아무리 아파서 죽을 지경이라 해도 안락사를 시켜주지 않고, 살 덩이가 아직 썩지 않아 주삿바늘 찌를 틈만 있으면 언제까지고 억지로 살아있게 한다는 것을 이 동네 사람들이라면 누구나 알고 있었다. 최후의 결정은 의학이 하는 것이고, 의학은 하느님의 의지와 끝까지 싸우려 한다는 것을.

　　　　　　　　　　　　　　　-에밀 아자르의《자기 앞의 생》중에서


처음 암이라는 걸 알았을 때 암 생존율, 전이율, 재발률, 사망

률 같은 확률에 매달렸다. 생존율이 50% 넘으면, 내가 그 안에 든다는 보장은 없었지만, 마음이 놓였다. 아쉽게도 나는 매번 전이율에 속했고, 재발률에 속했다. 나 하나만 보면 전이율이 100%였고, 재발률이 100%였다.

통계나 확률은 무의미했다. 이젠 찾아보지 않는다. 어쩌다 주워들어도 흥, 콧방귀 뀐다. 그 수치는 의료계 성과를 뒷받침하는 지표였다. 운 좋게 확률 밖에 머무는 사람들의 또 다른 행복 지수였다. 나는 그 수치에 정보 제공한 한 개의 개체일 뿐이다.

이 이야기를 하는 이유는 말기 암 환우와 생존율의 무관함을 확인하고 싶어서다. 한낱 수치에 휘둘리지 말자고 말하고 싶어서다. 단단해져야 한다고 다짐하고 싶어서다. 구체적인 죽음은 그 이후에 생각하자고 희망 섞인 위로를 주고 싶어서다. 암과 더 오래 살아도 된다는 용기를 주고 싶어서다.

어떻게든, 살자.

모모야, 나는 의학적 연구를 위해서 살고 싶지는 않다. 내가 정신이 들락날락한다는 건 나도 알고 있어. 하지만 의학적 공헌을 위해 그런 상태로 수년씩 더 살고 싶지는 않다. 시골에 내다 버려줘. 숲에다 버려줘. 아무데나 버리지 말고.

-에밀 아자르의 《자기 앞의 생》 중에서

아픔

# 어느 날, 시간이 꺾였다

## -허락되지 않은 시간

어느 날, 암이 찾아왔다. 충격은 없었다. 바라던 일이었다. 차마 내 손으로 끝낼 수 없는 이 지리멸렬한 삶을 끝내게 해달라고 온갖 신들에게 빌었다. 신들이 드디어 내 기도에 응답했다.

그런데 막상 죽음이 등 뒤까지 쫓아오자 덜컥 겁이 났다. 입으로 나불거린 '죽음'과 내 몸에 똬리 튼 '죽음'은 달랐다. 관계 안에서 죽음은 나 하나로 끝나지 않았다. 나의 죽음은 남은 이들 삶에 들러붙어 피 빨아먹는 거머리였다. 모성애보다 자기애가 우선인 철딱서니 없는 엄마였지만, 나 없이 남겨질 아이들을 떠올릴 때마다 온몸의 피가 다 빠져나가는 듯한 고통을 느꼈다. 아이들을 보지 못할까, 만지지 못할까, 목메도록 슬펐다.

암 이전, 시간은 의지와 선택의 문제였다. 스스로 삶을 포기하지 않는 한 시간이 멈출 일은 없었다. 시간은 내 통제 아래 있었다. 삶의 지속성을 믿었기에 나이듦엔 덤덤했다. 나이 앞에서 의기소침하거나 주눅 들지 않았다. '아름답게' 늙고 싶었다.

스무 살은 좋았다. 서른 살도 나쁘지 않았다. 마흔 살도 괜찮았다. 허깨비처럼 살았지만, 쉰 살도 살 만했다. 휙휙, 지나간 젊음이 아쉬웠지만, 늙음도 괜찮았다. 자연스러운 과정이었다. 죽음도 그랬다. 생로병사에 예외는 없다. 알고 있었지만, 그 공식에 나와 가족을 대입해보지 않았다. 언젠가 죽음에 이르겠지만, 그게 지금은 아니었다. 모순이다. 순진했다.


암 환우가 되자 견고한 줄 알았던 '시간'이 흐물흐물 비실대더니 눈앞에서 사라졌다. 직선으로 끝없이 뻗어나가던 시간이 툭, 툭 끊기고 방향을 틀더니 이리저리 뒤엉켰다. 과거와 현재, 미래가 한 몸으로 뒹굴었다.

살아오는 동안 삶을 통째로 흔들며 시간이 몇 번 휘었다. 그때마다 낯선 세상이 나타났다. 낯선 사람들이 삶 속으로 들어왔다. 나는 다른 세상 속에서 다른 존재가 되었다. 학령기가 그랬고, 결혼과 출산, 육아가 그랬다. 결혼 후 시간의 단위는 내가 아닌 가족을 중심으로 나뉘었다. 아이의 백일과 돌, 가족들 생일, 제사, 결혼식, 명절 같은 가족행사가 일상을 구분 짓는 마디가 되었다. 아이가 학교에 들어가자 시간은 더 잘게 쪼개졌다. 아이 학사일정을 중심으로 일상이 재배치되었다. 1년은 학기와 방학으로 나뉘었고, 학기는 평일과 주말로 나뉘었다.

그 사이사이 시간의 틈을 찾아 내가 하고 싶은 걸 끼워 넣으며 살았다. 관계와 취미도 그 틀 안에 고정되었다. 존재 자체가 탈바꿈할 정도로 파장이 컸다. 탈피하듯 이전의 나를 벗고 다른 존재로 태어났다. 사랑이 없었다면 감당하지 못했다. '여기'가 아닌 '다른 곳'을 꿈꾸며 우울해하는 나를 두 아이가 움켜쥐고 있었다. 차마 그 손을 뿌리치지 못했다. 현실 속 슬픈 '댈러웨이 부인'이 된 내게 '자기만의 방'은 절실했다. '여기'만 아니라면 '어디'라도 상관없었지만, '어디'로 가야 할지 몰랐다.

몸에 침투한 암과 함께 시간은 다시 휘었다. 뒤바뀐 세상의 중심은 '나'였다. 가족행사와 아이 학사일정은 치료일정에 묻혔다. 항암치료 시작할 무렵 첫째 아이는 대입 수학능력시험을 앞두고 있었다. 수술 날짜는 아이들의 중간고사와 겹쳤다. 방사선 치료는 여름휴가와 바통을 주고받았다.

차일피일 미루다 뒤늦게 시작한 집 공사로 어수선할 때 암이 재발했다. 그 무엇도 나보다 중요하지 않았다. 우선순위를 두고 저울질하지 않았다. 나만 아는 비정한 엄마가 됐다. 욕먹는 며느리가 됐다. 무기력한 아내가 됐다. 인정머리 없는 딸이 됐다. 시간이 휠 때마다 새 세상의 생존전략은 이전과 다른 존재가 되는 거였다. 또 한 번의 탈피로 다시 태어난 나는 새 세상에선 암 환우가 되었다.


일상도 기억도 암을 기준으로 움직이고 저장되었다. 항암치료와 수술, 방사선 치료, 경구용 항암제 복용에 맞춰 맺고 끊어졌다. 한 달에 한 번. 3개월에 한 번. 6개월에 한 번. 진료 일정에 따라 삶의 마디가 뚝뚝, 끊기고 이어졌다.

그런 삶이 감사했다. 언제까지 이럴 수 있을까 불안하지 않다면 거짓말이다. 삶을 구걸하는 느낌이라 비굴했다. 인간이 맛볼 수 있는 모든 감정이 혼재된 상태로 살았다.

내 삶에 늙음이 있을까. 늙어가는 나를 볼 수 있을까.

이제 늙음은 선택이 아니었다. 누구에게나 당연한 늙음이 나에겐 당연하지 않았다. 고작 1년 만기 정기적금도 망설였다. 그때 살아있을까? 글쎄…. 세일가에 여름 바지 하나 사는 일도 주저했다. 그 '여름'이 올까? 자신 없었다. 애꿎은 바지만 만지작거렸다. 매달 붓고 있는 연금 만기까지 살 수 있을까? 장담할 수 없었다. 몇 푼 안 되는 그 돈이 아까웠다. 2년 단위로 갱신하는 핸드폰 약정은 까마득하게 멀었다. 새로 발급받은 카드에 찍힌 '2025' 숫자는 내가 없을지도 모를 미래 어느 날을 나타냈다.

새로운 일이나 관계 앞에선 징글징글하게 고민했다. 이 일을 얼마나 더 할 수 있을까. 이 관계를 얼마나 이어갈 수 있을까. 사람과 엮이는 일엔 극도로 소심했다. 별생각 없이 설계하던 5년 후, 10년 후 삶은 어쩌면 내겐 없을지 몰랐다.


보고 싶으면 지금 보고, 먹고 싶으면 지금 먹고, 하고 싶으면 지금 하자. 뭐든 아끼지 말자. 미루지 말자.

시간은 마른 나뭇가지처럼 힘없이 툭툭 꺾이고, 바닷가 모래
알처럼 손안에서 스르르 빠져나갔다. 내가 만져보지 못하고 가
져볼 수 없는 시간이 눈에 밟혔지만, 더는 끌려다니지 않기로
했다. 죽음 앞에서 미래 시제는 불투명하다. 의지로 통제 가능
한 시제는 현재다.

틱. 톡. 틱. 톡.

# 랜덤입니다
### -내 탓이 아니라고 했다

죽고 싶었다. 암이 아니라도 그런 날은 많았다. 태어날 때부터 우울은 영혼과 한 몸이었다. 이성이 살아있을 땐 잠잠했다. 우울 스위치는 삶이 퍽퍽한 순간 딸깍 켜지며 유혹의 손길을 뻗었다. 죽음의 가이드 '암세포.'

아픔을 경험한 사람들은 입을 모아 말했다.

죽음 앞에서 삶은 선명해진다.
분노와 증오의 자리는 용서와 감사가 대신한다.
일상이 소중해진다.
무심하고 소원했던 사람들이 그리워진다.

죽음을 목도한 사람들은 일상과 감정, 사유의 파격적 업그레이드를 간증했다. 그들 삶의 색채와 무늬는 이전과 확연히 달라졌다. 난 좀 달랐다. 뭐랄까…. 한 단계 성숙이 아닌 뒤틀린 퇴보였다. 살아있음에 감사하고 행복했지만, 증오와 분노를 버리지못했다. 용서하지 못한 사람은 기억에서 삭제했다. 볼 때마다 불편한 사람은 관계 목록에서 지웠다. 그리운 사람은 과거에 매장했다. 마음속 말은 거르지 않고 뱉었다. 달라진 나로 인해 사람들이 불편하지 않을까. 그런 고민은 잠시 하다 접었다. 이미 많은 시간 타인의 시선에 갇혀 타인의 욕망 실현하며 살았다. 이젠 좀 다르게 살고 싶다.

피해의식은 끝모르고 내달렸다. 다른 사람의 행복을 힐끔거리며 손안에 겨우 들어온 한 줌 행복을 아껴 먹느라 처량했다. 가슴 한쪽 잃고 나니 등 굽은 노파의 늘어진 두 쪽 젖가슴도 눈물 나게 부러웠다. 차고 넘치는 행운을 거머쥔 사람들이 이만해서 다행이라며 어깨 토닥이고 위로할 때마다 구역질 났다. 뒤돌아서 그런 나를 혐오하고 경멸했다.

-스트레스 때문일까요?

-식단에 문제가 있었나요?

-운동을 게을리했나요?

-도대체 제가 암에 걸린 이유가 뭘까요?


-랜덤입니다.

원인을 찾지 못하면 지금까지 겪은 악몽이 되풀이될 거라는 두려움이 발목을 잡았다. 한 발자국도 움직일 수 없었다. 절박했다. 공포가 목을 졸랐다.

그게 왜 그렇게 중요하냐고 사람들이 물었다. 그런 날 동정하는 사람들은 여기저기서 주워들은 정보의 짜깁기로 내가 암에 걸린 원인을 규명했다. 처음 듣는 치료방법과 정보를 열거하며 암과의 싸움을 권하고, 위로한답시고 통계와 확률을 들먹였다. 한껏 삐딱해진 나는 그 어떤 것도 곱게 받아들이지 않았다.


저러니 암에 걸렸지.


전부 내 탓이라고 했다. 피로가 몰려왔다. 선의로 다가오는 사람들도 밀어냈다. 귀 닫고 눈 감았다. 텅 빈 가슴으로 한겨울 찬바람이 쉬지 않고 불었다. 내가 흘린 눈물로 방안이 찰랑거렸다. 길이 보이지 않았다. 길이 있을 거라는 확신조차 없었다.

의사는 무미건조한 말투로 랜덤이라고 했다. 내가 뭘 잘못한 게 아니라고 했다. 그럼 단지 운이 나빠서 이 모든 일이 벌어진 거야? 결국, 운명의 수레바퀴를 벗어나지 못해서 이 일이 생긴 거야? 내 잘못이 아니라는 말, 내 탓이 아니라는 말, 그 말이 내 등을 쓸어줬다.


니 잘못 아니야.

그 말을 듣고 온 날. 잠을 잘 수 있었다. 더는 몽유병 환자처럼 일어나서 방안을 서성이지 않았다. 내가 찾아 헤맨 건 원인이 아니었음을 그날 알았다.

-호중구 수치를 올리려면 어떻게 해야 할까요?
-아무것도 하실 필요 없습니다.
암도, 회복도 질병의 주체인 나와 무관하다는 것이 의학적 소견이었다. 먹고 싶은 걸 먹었다. 자고 싶으면 잤다. 걷고 싶으면 걸었다. 아니, 먹고 싶지 않았지만, 좋은 재료를 찾아 먹었다. 자고 싶었지만, 늘어지면 안 되니 앉아서 버텼다. 걷기 싫었지만, 걸었다.
의학적 효과가 입증되지 않은 재료와 치료법이 온라인, 오프라인 가리지 않고 난무했다. 병원에선 그 모든 걸 금지했다. 과학과 비과학의 한판 전쟁은 우리 집 거실에서도 벌어졌다.
한 번 바닥으로 곤두박질친 호중구 수치는 더디게 회복되더니 제자리걸음이었다. 의지 문제가 아니야. 그게 사람을 미치고 팔짝 뛰게 했다. 내 몸을 통제할 수 없다니…. 무기력이 날 집어삼키는 걸 그냥 보고만 있었다. 예전과 비교하면 삶의 질이 얼마나 높아진 거니? 논리를 가장해서 설득했다. 예전 누구의 삶? 내가 본 적 없고, 알지 못하는 암 환우가 견뎠을 삶의 질이 왜 지금 내 삶의 질을 평가하는 잣대야? 그런 단순비교는 의미 없었다.

몇십 년 전이면 벌써 죽은 목숨이라는 말이 위로야? 이렇게 라도 살아있어서 감사하라고? 우습고 가소로웠다. 그런 말은 내 귀로 듣는 말이 아니라 내 입에서 나와야 하는 말이야. 죽지 않고 이렇게 살아있으니 감사하다고 말해야 하는 사람은 당신들이 아닌 나여야 한다고. 단정 짓고, 판단하지 마. 제발!

견딜 수 없는 통증? 그런 건 없었다. 통증은 24시간 지속되지 않았다. 날 망가뜨린 건 그런 게 아니었다. 3개월마다(지금은 4주에 한 번) 약 처방받으며 목숨 구걸하는 게 비위 상했다. 그 자체가 형벌이었다. 약 먹을 수 있어서 감사하지 않냐고? 맞다. 이런 약을 모르고 살다 죽은 사람이 셀 수 없이 많았지만, 내 목숨 연명해주는 이 약을 먹을 수 있어서 마땅히 감사해야 한다. 그런 어쭙잖은 자기 위안이 내겐 굴욕이고 수치였다.

재발 후 컨디션은 하루 평균 대여섯 시간 정도 괜찮았다. 산에 다녀와 짧은 글 한 편 쓰면 금방 동났다. 앞으로도 쭉 이렇게 살아야 하냐고 의사에게 묻지 않았다. '지금이 최고'라는 대답이 돌아올까 무서웠다. '앞으로 나빠지는 일만 남았다'고 할까 봐 겁났다. 의지로 해결될 수 없다면 차라리 모르는 게 나았다. 몸 안의 세포들이 스스로 살 방법을 모색하도록 놔두는 게 속 편했다 암세포와 싸우는 건강한 세포. 그 아이들을 믿고 응원하면서 기다리는 것 말고 달리 뭘 하겠는가. 내가 괜히 의지 박약 암 환우겠나!

침대에 누워 오후를 보냈다. 벽지를 뚫고 내려오는 희망의 싹은 싹둑 잘라버렸다. 바닥에서 스멀거리며 피어오르는 희망은 지그시 밟아버렸다.

이게 연명이 아니라면 대체 뭐가 연명일까.

# 내 안에 갇힌 괴물

## -괴물이 된 감정

—○○○ 씨, ○○○ 씨! 수술 끝났어요. 회복실로 이동할게요.

'네'라고 대답한 것 같은데, 소리가 입 밖으로 나왔는지는 모르겠다. 털털털털. 바퀴 굴러가는 소리. 수술방을 나가는지 나를 실은 베드가 방향을 틀었다. 직진과 방향 틀기를 몇 번 반복하더니 멈췄다.

가장 먼저 마취에서 깨어난 건 청각이었다. 괴성에 가까운 신음, 분주한 발소리, 한 옥타브 높은 간호사들의 외침. 소리가 한꺼번에 들렸다. 눈을 떠봤다. 안경이 없다. 시야가 흐릿했다. 천장의 불빛이 뿌옇게 번졌다. 눈을 감았다. 마취약 때문인지 견디지 못할 통증은 없었다. 누군가 다가오는 발소리.

—○○○ 씨, 많이 아프세요? 진통제 놔드릴게요.

—네… 수술… 잘 끝났나요?

흩어진 정신을 모으고, 온 힘을 쥐어짜 물었다.

-네, 잘 끝났어요.


-아으으으….

멀리서, 가까이에서, 비명이 들렸다. 전쟁터도 지옥도 가보지 않았지만, 여기가 전쟁터고 지옥은 아닐까? 마취약 때문인지 통증보다 공포와 두려움이 먼저 왔다. 환한 불빛에 온몸을 드러내고 있는 게 고통스러웠다. 어딘가 숨고 싶었다. 저들이 날 찾을 수 없는 곳. 이 소음에서 벗어날 수 있는 곳.

-환자분! 환자분! 환자분만 아픈 거 아니거든요. 진통제 놔드렸어요. 조금만 참으세요.

회복실이 떠나가라 쉬지 않고 통증을 호소하는 환자한테 신경질적으로 말하는 간호사의 목소리에 입술을 깨물었다.

얼마나 시간이 지났을까. 몇 번 눈을 떴다 감았다. 몸의 감각. 영혼의 감각. 그 모든 감각이 깨어나지 않고 이대로 잠들었으면.

-환자분, 진통제 놔드릴까요?

그 와중에도 '간호사는 얼마나 힘들까' 생각했다. 최대한 얌전히 고개를 끄덕였다.

수술 전 항암치료 중일 때 심한 두통에 시달렸다. 약 먹기를 주저하는 내게 의사는 진통제는 중독되지 않는다며 참지 말고 복용하라고 했다. 습관은 얼마나 단단한지. 그 후에도 잦은 두통에 시달렸지만, 쉽게 진통제를 삼키지 않았다. 이젠 잘 먹는다. 회복실. 지금은 참으면 안 된다. 진통제? 무조건 놔주세요.

더 주세요. 감각이 깨어나지 못하게 더 주세요.

간호사가 다가왔다.

-○○○씨. 곧 병실로 올라가실 거예요. 진통제 놔드릴까요?

고개를 끄덕였다.

-병실 올라가면 바로 진통제 놓을 텐데, 그래도 놔드릴까요?

고개를 끄덕였다. 이미 무통 주사액이 들어가고 있었다. 참고
싶지 않아. 그 생각만 있었다. 더는 참고 싶지 않아. 그 무엇도.


다음날, 주치의가 병실로 왔다. 수술부위를 보자고 했다. 환자
복을 열었다. 주치의가 인상을 썼다.

-붕대 누가 감았니?

뭔가 잘못됐다. 함께 들어온 의료진이 일제히 고개를 숙였다.
병실 분위기가 냉랭해졌다. 내 잘못도 아닌데 고개가 꺾였다.
활짝 열어젖힌 수술부위를 보며 그들끼리 언짢은 대화를 주고
받았다. 저기요, 저는 물건인가요? 욕지거리가 올라왔다. 모멸
감. 저들에게 나는 뭘까?

오전에 된통 혼난 새끼 의사가 붕대를 다시 감아주려고 왔다.
가운 앞쪽이 볼록 나왔다. 아, 임산부구나. 아침에 속으로 웅얼
거렸던 욕지거리가 미안했다. 당신도 누군가의 어미가 되는군
요. 이번에도 엉망. 다음날, 주치의가 다시 지적. 오후에 꼼꼼한
수간호사가 처치한 후 비로소 주치의가 흡족해했다.

-그런데 이 붕대는 어떻게 감았어요? 저는 누워 있었을 텐데.

-네? 아니요. 환자분이 일어나서 붕대 감는 거 도와주셨는데
요?

-네? 제가요?

-아, 기억 안 나시는구나. 마취가 덜 풀려 그러신가 봐요.

-….

-말씀도 하셨는데요.

-뭐라고…?

-수술 잘 끝났냐고 물어보셨어요.

-다른 말은 안 했나요?

-네.

술을 즐기지 않는 나는 '필름이 끊긴다'는 게 어떤 건지 모른
다. 마취가 덜 풀린 상태가 '필름 끊긴' 상태랑 비슷할까? 기억
에도 없는 말을 내가 했다니. 오싹 소름이 돋았다. 인식할 수 없
고, 제어할 수 없는 상태의 나. 그때 나는 어떤 모습일까.


나는 질병이 상품으로 소비되는 게 불편했다. 책을 좋아했지
만, '암' 관련 책은 일부러 읽지 않았다. (한참 뒤 두어 권 읽긴 했
다.) TV를 보다 암 얘기가 나오면 채널을 돌렸다. 영화는 졸작,
명작 가리지 않고 피했다. 정보는 이미 용량 초과였는데, '~카더
라' 통신이 태반이었다. 무지의 인정에서 출발한 과학지식에 '영
원한 진리'는 없었다. 어제의 지식을 오늘의 오류로 뭉개며 갱신
하는 게 과학적 태도였다. '팩트 체크'도 귀찮았다. 암이 상품으

로 소비되는 세상에서 암을 피하는 건 불가능했다. 달아나고 달아나도 암은 끝없이 쫓아왔다. 모퉁이 돌 때마다 마주쳤다.

어느 날 우연히 〈몬스터 콜〉이라는 영화를 봤다. 암으로 투병 중인 엄마를 둔 어린 소년 이야기였다. 암이 중심 소재였지만, 주인공이 암은 아니었다. '암 곁'을 다루고 있었다. 당사자가 아닌 '곁'의 사람이 (특히 아이들이) 느끼는 암은 어떨까 궁금했다. 어린 소년 얼굴 위로 아이들 얼굴이 오버랩되었다. 우느라 며칠에 걸쳐 나눠 봤다.

영화는 엄마가 암 환우인 어린 소년의 현실과 소년의 심리를 오갔다. 소년이 내뱉지 못한 마음의 소리를 애니메이션 기법으로 '몬스터'로 표현했다. 영화 내내 어린 소년은 현실이 요구하는 인격과 자신 안의 또 다른 인격을 두고 다퉜다. 현실 자아와 내적 자아 사이에서 고통스러워한 소년은 마침내 자신 안의 말을 내뱉었다.

-이 모든 게 빨리 끝나버렸으면 좋겠어!

어린 소년이 울었다. 나도 울었다. 아이들을 생각하며 울었다. 내 안에 갇힌 '몬스터'가 떠올라 울었다.

가끔 무의식의 나를 떠올리면 끔찍했다. 얼마나, 오래, 무엇을 참고 견디는지 나조차 인지하지 못했다. 그 모든 게 내 안으로 흘러 들어가서 거대한 '몬스터'를 만들었다. 그 '몬스터'가 언제 어떤 모습으로 튀어나올지 몰라 불안하고 무서웠다. 현실의 나는 평온하고 안전했다. 그리고 가끔 행복했다.

내 안의 '몬스터.' 그 아이는 어떨까?

인간은 복잡한 짐승이니까 너는 거짓말을 하지 않을 수 없는
고통스러운 진실 대신 마음을 달래주는 거짓말을 믿는 것이다.

-영화 〈몬스터 콜〉 중에서

# 언니, 참지 마!

## -통증의 비교급

보호자와 헤어지고 수술실로 가는 중간 단계에 수술 대기실이 있다. 불투명 유리문 너머 그의 실루엣이 보이던 공간. 보호자와 헤어진 것도 함께 있는 것도 아닌 공간. 애매한 공간만큼 감정도 애매했던 바로 그 공간.

2018년 4월 17일. 큰 수술이라 맨 마지막 순서로 배정되었다. 수술은 무사히 끝났다. '성공적'까지는 모르겠다. 수술 소요시간은 세 시간 반. 회복실에서 대략 한 시간가량 머물렀다. 총 네 시간 반. 그는 어딜 그렇게 돌아다닌 걸까? 1만 보에 가까운 그의 걸음 수.

코로나19 전이라 병실엔 환우와 보호자 말고도 문병객이 떼를 지어 몰려다녔다. 나는 모든 방문을 사절했다. 위로받고 싶지 않았고, 문병객을 위로하고 싶지 않았다. 나는 괜찮아. 뻔한 거짓말 하기 싫었다. 시누이가 그에게 전화해서 어려운 때일수록 가족끼리 의지하고 도와야 하는 거라고 따지듯 훈계했다. 의지하고 돕는 게 어떤 건지 모르는 사람이라 무시했다.

나는 마음이 인색하지 않았지만, 제스처 몇 번으로 마음의 짐을 털어내려는 사람은 차단했다. 매일 새벽 병실 청소하는 직원. 그가 없는 평일에 날 보살펴준 간병 도우미. 하루 세 번 식사 시간마다 베드까지 식판을 가져다주던 배식 직원. 유쾌하고 솔직했던 간호사. 그들에게 하루에도 몇 번씩 감사하다고 내 마음을 표현했다. 진심을 알아봤다. 틀에 박힌 뻔한 제스처 없이도 가슴 울리는 사람들의 진심.

내 마음 한구석을 차지한 민경이. 내 웃음발전소 40년 묵은 친구들. 생각만으로도 날 울리는 늙은 친구, 고등학교 은사님. 잊지 않고 안부를 묻는 그녀. 나의 만류에도 두 번이나 병실 문을 열고 들어온 울 언니.


언니, 참지 마.


수술하는 동안 애가 탄 몇몇 지인들이 그의 핸드폰으로 연락했나 보다. 수술은 들어갔는지, 수술은 끝났는지, 병실엔 올라왔는지, 아파하는지, 힘들어하는지…. 민경이가 그에게 보낸 카톡을 읽었다. 장문. 단문을 주로 쓰는 아이였다. 긴 글에서 그 아이의 안타까움을 읽었다. 누구보다 나를 잘 아는 그 아이.

언니는 통증을 참을 거예요. 언니는 그런 사람이에요. 내색하지 않을 거예요. 참지 않아도 된다고 말해주세요. 진통제 아끼지 말고 맞게 해주세요. 제발 참지 않게 해주세요.

통증을 견디고 참을 나에 대한 염려였다. 쓸데없이 참는 건 자신 있었다. 통증과 고통에 내성이 생겼다. 어느 정도까지 참아야 하는지, 어느 정도까지 견뎌야 하는지 판단이 서지 않았다. 그 아이는 아주 작은 통증도 참지 말라고 당부했다. 입원해 있는 동안 그 아이 말대로 했다. 참지 않았다.

힘들다고, 아프다고 투정 부릴 때마다 엄마는 30년 전 당신이 겪은 통증의 강도와 밀도를 설명하려고 애썼다. 통증을 알아주지 않았을 뿐인데, 나를 부정하는 소리로 들려 신경질이 났다. 통증이 '나'로 둔갑했다. '그래, 너 아프구나.' 그 한 마디가 고팠지만, 어쩐 일인지 엄마는 그 말을 아꼈다.
엄마의 통증이 어느 정도였는지 가늠할 수 없다. 내 통증이 어느 정도인지 설명할 수 없다. 엄마와 나는 서로의 아픔을 공유하지도, 공감하지도 못했다. 각자의 아픔만 부둥켜안았다. 엄마를 통해 내가 확인한 건 타인이 겪는 아픔의 이해와 공감은 사실상 불가능하다는 다소 서글픈 사실이었다. '내 아픔까지 사랑한 그대~'는 노래 가사에나 있는 판타지였다. 관계의 신기루였다.
사람들은 쉬지 않고 비교했다.

저 사람을 봐. 너는 얼마나 다행이니.

저런 사람도 있네. 너는 아무것도 아니다.

죽은 사람도 있어. 너는 얼마나 행복하니.

살아있으면 된 거야.


암 환우는 어떻게 살아야 할까? 암 환우가 누릴 수 있는 최상의 삶은 어떤 형태일까? '죽지 않는 것'이 삶의 목표는 아니라고 어떤 분이 그랬다. 숨쉬고 살아있어서 다행인 건 맞지만, '살아있음'에서 한 발 더 나가고 싶다. 나도 삶이 주는 행복을 만끽하고, 삶이 건네는 기쁨에 취하고 싶다. 숨쉬는 것, 그 이상의 삶을 원한다. 욕심일까?

자꾸 옆 사람이 가진 행복과 불행을 곁눈질하며 저울질했다. 나보다 많이 가진 사람을 보며 불행했고, 나보다 덜 가진 사람을 보며 안도했다. 행복과 불행은 상대적이었다. 비교할수록 불행해진다는 걸 알았지만 멈출 수 없었다.

행복과 불행의 상대성. 그러나 통증은 절대적이었다. 통증엔 비교급이 없었다. 언제나 내 통증이 최상급이었다. 알지만 비교했다. 못된 습관. 암 환우인 나는 이제 다른 사람의 통증과 내 통증을 저울질하며 행복하고 불행했다. 이런, 빌어먹을! 죽음이 등 뒤까지 따라와도 개선되지 않는 나란 인간.

낯가림 심한 나로선 이해하기 힘든 광경을 병원 대기실에서 종종 목격했다. 방금 만난 환우들이 마치 오래전부터 알고 지낸 사람처럼 허물없이 얘기를 주고받았다. '질병'이라는 공통분모가 낯선 이에 대한 경계심을 풀어줬다. 동병상련. 그들은 이름과 나이 대신 질병의 종류와 병기, 회복 상태로 통성명했다. 서로의 아픔에 관심 보이고 보듬어주는 건 잠깐이고, 곧 통증 배틀이 붙었다.

-아, 당신은 나랑 같은 수술 했는데 나보다 더 아프군요. 그럼 제가 더 행복하네요.

-비슷한 시기에 수술했는데, 당신은 벌써 회복했어요? 그럼 제가 더 불행하군요.

-어머, 당신은 아직 머리카락이 그대로네요? 나는 벌써 파마도 했는데. 그럼 이번엔 제가 더 행복하네요.

환우들은 누가 더 행복하고 불행한지 손바닥 위에 올려놓고 비교하면서 슬퍼하고 기뻐하며 희망과 절망을 사이좋게 주고받았다. 시트콤보다 더 웃긴 일이 다큐로 벌어지는 곳이 진료실 앞 대기실이었다.

민경이. 그 아이가 말했다. 통증을 참지 말라고. 재활의학과 의사가 말했다. 아픈데 참을 필요 있나요? 안다. 알지만, 고쳐지지 않았다. 정신을 차려보면 부들부들 이 악물고 참고 있었다. 타인과 비교하며 불행할 필요 없다. 그것도 알고 있다. 나로 인해 행복하고 아프지 않은 그날이 언젠가 오겠지.

근데, 머리숱은 언제 풍성해지는 거야? 설마, 이게 끝이야? 어흑! 다른 사람들은… 됐다. 비교하지 않는다며? 제길!

# 슬픔억제제는 없나요?
## -내 안의 어린 코끼리 생존법

수술이 결정되자 검사와 치료일정이 급물살을 탔다. 명의로 알려진 외과 주치의가 협진하길 원하는 종양내과 의사의 진료 일정은 꽉 찼다. 외과 주치의는 가장 빠른 '암 통합진료'를 잡으라고 했다. '암 통합진료'는 일반 진료실보다 두어 배 큰 회의실 같은 널찍한 진료실에서 진행됐다.

의사 네다섯 명이 대형 스크린을 띄우고 직사각형 테이블을 사이에 두고 마주보고 앉아 있었다. 나는 피고인인 양 진료실 문 앞 의자에 앉아 처분을 기다렸다. 대형 스크린엔 내 CT 사진과 PET 사진이 띄워져 있었다.

저게 나야? 오른쪽 가슴을 점령한 선명한 붉은색이 눈에 들어왔다. 암세포, 내 몸 안 낯선 존재. 아무도 나에게 말을 걸지 않았다. 여보세요? 이럴 거면 저는 왜 불렀나요?

한참 자기들(?)끼리 떠들던 의사 중 한 명이 나에게 윗옷을 올리고 베드 위에 누우라고 했다. 다른 의사들은 멀뚱히 앉아 있었다.

-환자분, 양해를 구할게요. 여기 이 학생들은 의대생들입니다. 환자분 가슴을 촉진해도 될까요?

-….

의사 뒤로 앳된 얼굴의 학생 두 명이 보였다.

-이 학생들 공부에 많은 도움이 될 겁니다. 내키지 않으시면 안 해도 됩니다.

-괜찮아요.

불이익. 그 단어가 떠올랐다. 지금이라면? 절대 허락하지 않을 것이다. 네.버.

우두머리(?) 의사가 종양부위를 촉진했다. 이어서 두 명의 의대생이 촉진했다. 나만큼 떨리던 두 학생의 손길. 그는 학생들에게 촉진 감상평을 물으며 설명을 덧붙였다. 나는 가슴을 훤히 드러내고 베드 위에 그대로 누워 있었다. 망할! 티 나지 않게 입술 안쪽을 깨물었다.

-원격 장기는 괜찮습니다. 항암치료 먼저 진행하겠습니다. 다음 진료일에 뵙겠습니다.

그게 다였다. '자세한 건' 진료실 밖 간호사에게 들었다. '한 명의 암 환우를 위해 모든 의료진의 경험과 진심이 모인 협진 진료 시스템 암 통합진료'는 환우인 날 위한 진료라기보단 의사들을 위한 겉치레로 보였다.

이럴 거면 나는 왜 불렀나. 지들끼리 새우깡이나 아작아작 씹으면서 PET 사진 띄워놓고 정하면 되지. 암세포가 어떤 몸에 자리 잡았는지 보고 싶었던 거야? 모멸감과 화딱지, 서글픔이 혼합된 아주 더러운 감정이 올라왔다.

-뭘 그런 걸 갖고 그래. 치료하려면 어쩔 수 없지. 가슴 좀 보여주고 만지게 한 게 대수야? 여자이기 전에 환우잖아.

그래. 여자이기 전에 환우, 맞아. 그런데 환우가 동물원 우리 속 동물은 아니잖아? 실험실 개구리는 아니잖아? (어쩌면 맞는지도!) 그리고 나는 환우이기 전에 '여자'거든! 그깟 가슴? 그냥 입 다물고 있어. 불똥은 곁에 있는 그에게 튀었다. 못된 성질머리 하고는!


널찍한 회의실 같은 '암 통합진료'실에 앉아 있던 네다섯 의사 중 한 분이 종양내과 주치의였다. 그 진료는 종양내과 주치의를 만나기 위한 연결통로였다. 2017년 10월 16일. 종양내과 가장 마지막 환우가 나였다. 워낙 급하게 잡은 일정이었다. 의사는 '간단히' 설명 후 시계를 봤다.

-지금 바로 올라가서 주사 맞고 가시죠.

-네?

-지금 가시면 됩니다.

-주사 맞는 데 시간이 얼마나 걸리나요?

시간 없다는 핑계로 안 맞을 작정이었다.

-10분이면 됩니다.

-네? (그렇게 짧아요?)

내가 아는 항암치료가 아닌가? 주치의는 휘리릭 올라가서 주사 한 방 딱 맞고 가라는 투로 말했다.

진료실 문을 열고 나와 주사실까지 가는 여정은 의사 말처럼 그리 간단치 않았다. 나는 '왜 이렇게 늦게 왔냐'는 말에 주눅든 채 상담실에서 치료과정과 부작용, 주의사항을 교육받았다. 맞은편에 앉은 환우가 읽기 편하게 글씨를 거꾸로 쓰는 상담사의 현란한 필기 실력에 감탄하느라 내용은 귀에 들어오지 않았다. 상담사가 거꾸로 쓰던 글씨체만큼 이 상황이 낯설고 기이했다. 바로 항암 주사를 맞아야 한다니….

그는 눈썹 휘날리며 급하게 처방된 약을 사러 약국으로 뛰어갔다가 가쁜 숨을 몰아쉬며 상담실로 돌아왔다.

-아, 나 준비도 안 하고 왔는데.

-무슨 준비?

-마음의 준비.

-그런 게 왜 필요해?

-그건 그래.

얼마의 시간을 준들 충분할까.

5층 암 주사실로 올라가는 엘리베이터를 탔다. 날 본 간호사들은 서로 눈짓하더니 볼멘소리를 주고받았다.

-주치의가 누구야? ○ ○ ○ 교수?

-아, 진짜. 지금 환자 올려보내면 어떡해.

-먼저 퇴근하세요. 제가 마무리하고 갈게요.

그들에게 나는 보이지 않았다. 나도 들리지 않는 척 앉아 있었다. 한 번도 맡아보지 못한 냄새. 혈관을 타고 주사액이 들어갔다. 그럴 리 없겠지만, 약이 어디로 흘러가는지 느껴졌다. 항문이 따끔거렸다. 그렇게 네 번은 의자에 앉아서, 나머지 네 번은 베드 위에 비스듬히 누워 항암주사를 맞았다.

처음 네 번은 '독소루비신(Doxorubicin)+시클로포스파미드(Cyclophosphamide)'였다. 나머지 네 번은 '도세탁셀(Docetaxel)'이었다. 처음 항암제를 맞고 온 다음 날. 가슴이 발갛게 달아오르며 불에 덴 듯 화끈거렸다. 걱정돼서 전화한 언니에게 증상을 얘기했다. 통증 때문에 횡설수설하는 나에게 언니가 울먹이면서 말했다.

-니 몸 안에 있는 암세포가 죽어 나가는 거야. 개네들이 곱게 죽진 않아. 니 몸이 싸우는 거야. 좋은 거야.

나머지는 예상했던 통증이고 증상이었다. 구토, 탈모, 손발 저림, 이따금 두통과 설사. 호중구 수치가 기준에 미치지 못했던 한 번을 제외하고 치료는 일정대로 진행됐다. 2018년 3월 26일, 여덟 번의 항암치료가 끝났다. 봄이었다.


항암치료 당시 구토억제제를 처방받아 복용했다. 두통약, 해열제도 처방해줬다. 그것 말고도 항암제의 부작용으로 나타날 증상에 대비해서 이런저런 약을 처방했다. 복용 타이밍은 증상 오기 전이었다. 증상이 나타난 이후 복용은 의미 없었다.

나에게 정말 필요한 약은 따로 있었다. '슬픔억제제.' 슬픔이 덮치기 전 복용하는 약. '절망억제제.' 절망이 싹트기 전 복용하는 약. 마음의 통증을 막아줄 약은 어디에서도 처방받지 못했다. 그건 스스로 조제해야 했다. 온종일 침대에 누워 눈 감고 팟캐스트와 음악을 들었다. 영혼의 혈관 타고 흐르는 웃음과 음악.

파잔(phajaan)은 코끼리의 영혼을 파괴하는 의식이다. 야생에서 잡은 아기 코끼리를 움직이지 못하게 묶어둔 뒤 저항이 완전히 사라질 때까지 몇 날을 굶기고 구타하는 의식. (…) 코끼리가 생존할 수 있는 방법은 단순하다. 자유를 향한 자기 안의 목소리가 들리지 않는 척하고, 세상이 혼란스럽지 않은 척하는 것이다.

－채사장의 《지적 대화를 위한 넓고 얕은 지식》 중에서

항암치료로 시작한 표준치료는 내 안의 어린 코끼리를 파괴하는 '파잔 의식'이었다. 육체와 영혼 파괴하는 항암 '몽둥이.' 육체의 고통은 영혼까지 파괴했다. 의지로 몸을 통제할 수 있다는 말, 나는 믿지 않는다. 내 생존방법은 고통 속에서 허우적대는 나를 모른 척하고 세상 밖으로 숨는 것이었다. 코끼리 절반이 견디지 못하고 죽어 나간다는 첫 번째 '파잔 의식'에서 생존

했다.

재발한 후 진행된 '파잔 의식'은 끝이 없을 예정이다. 탈출? 자유? 살아서 나갈 가능성은 없다. 항암 '몽둥이'와 공존하는 방법으로 생존방법을 바꿔야 한다. 감각을 버리고 항암 '몽둥이'를 견뎌야 한다. 산산이 부서진 영혼에 따뜻한 숨결을 불어넣어야 한다. 나는 꿈꾸기로 했다.

내 안의 어린 코끼리. 잘 있니?

# 머나먼 우주, 그 어디 1

- 서른다섯 번의 방사선 치료

2018년 3월 26일. 마지막 항암주사를 맞았다. 6개월 동안 진행된 여덟 번의 항암치료로 체력은 바닥이었다.

-수술이 가능할까요?

의사는 70대 할머니들도 수술한다고 했다.

대답을 잘못 들었나? 바닥난 50대 체력과 70대 할머니 수술이 뭔 상관? 이해되지 않았지만, 굳이 따지지 않았다. 의사 말은 70대 할머니도 수술하는데, 당신처럼 젊은 사람이 하지 못할 이유 없다. 대충 이런 뜻이었으리라.

수술은 예정대로 4월 17일에 진행됐다. 수술 후 퇴원하고 약 5주 뒤 방사선 치료가 진행되었다. 정확한 날짜는 기억나지 않는다. 기억이 안 나는 건지, 지워버린 건지 그건 분명치 않다.

방사선 치료는 '암세포에 방사선을 조사하여 암세포를 죽이고,

암세포가 주변으로 증식하는 것을 막기 위한 치료 방법으로 정상세포의 손상은 최소화하고 암세포를 파괴하여 수술, 항암요법 등 다른 암 치료 후 재발 방지를 위한 치료법'이다.(출처: 서울아산병원)

방사선 치료는 혈액검사로 나온 호중구 수치 기준으로 맞았던 항암치료와 달리 까다로운 준비과정이 필요하다. 가장 먼저 방사선 종양내과 전문의를 만나 치료할 부위를 확인하고, 앞으로 진행될 치료방법과 횟수를 정한다. 치료계획이 정해지면 본격적인 치료에 앞서 모의치료가 진행된다. 치료부위에 표시선을 그리고(일명 '밑그림') 치료하는 동안 자세를 고정해 줄 고정체를 제작한다.

'밑그림' 작업은 치료할 부위에 파란색 물감으로 표시하는 작업이다. 설명 들을 때 간단해 보이던 그 과정은 시간이 오래 걸리고 까다로웠다. 거리에 장미꽃 향 그득하던 5월이었다. 속옷까지 탈의하고 맨몸으로 한 시간 남짓 같은 자세를 유지해야 했다. 처음 보는 낯선 사람(아무리 그가 '의사'라 해도) 앞이라 부끄러웠다. 한쪽 가슴이 잘려나간 기괴한 몸. 앞으로 진행될 치료에 대한 걱정과 두려움으로 잔뜩 긴장했다. 소름 돋을 만큼 낮은 치료실 온도 때문에 이를 악물어도 덜덜덜 몸이 떨리고, 시간이 지날수록 몸은 나무토막처럼 뻣뻣하게 굳어갔다.

자세 교정을 위해 치료사가 베드 위에 누운 몸을 이리저리 옮기고 치우고 미는 과정이 끝도 없이 되풀이되었다. 눈 씻고 찾아봐도 거기 치료사 말고 다른 '사람'은 없었다. 나는 인격 없는, 치료가 필요한 거대한 '살덩어리'였다.

겨우 자세를 잡자 물감 냄새가 진동했다. 시멘트를 발라놓은 듯 감각을 잃고 굳어버린 수술부위 위로 서늘하고 부드러운 붓이 여러 번 지나갔다. 수술로 신경이 다 죽었는데, 신기하게 그 서늘하고 부드러운 붓놀림이 느껴졌다. 기억으로 부활한 감각.

한 시간 가까이 진행된 모의치료가 끝났다. 베드에서 내려오면서 치료가 끝날 때까지 표시선이 지워지면 안 된다는 주의사항을 들었다.

-네.

그대로 주저앉고 싶었다. 참담했다. 치료실 한쪽에 벗어놓은 가운과 가발, 헤어밴드, 안경을 챙기는 손이 부들부들 떨렸다. 밑그림 작업이 끝나고 돌아온 날. 몸에선 물감 냄새가 진동했다. 방사선 치료가 진행되는 동안 그 냄새는 일상의 냄새가 되었다. 낯설지 않았다.

그때, 파란 서늘함으로 각인된 그 냄새는 기억 속 어딘가를 떠돌다 불쑥불쑥 후각을 자극하며 그날 방사선 치료실을 불러왔다. 이 악물고 버티던 추위. 기괴한 몸 위로 지나가던 서늘한 붓놀림. 수치심과 막막함.

샤워는 꿈도 못 꾸겠군, 쩝. 요령껏 눈치껏 샤워하는 사람도 있는 모양이었다. 나는 요령도 눈치도 없었다.

5월 말 시작한 방사선 치료는 주말과 공휴일을 제외하고 매일 진행되었다. 치료받는 동안 날은 더워졌고, 가만히 있어도 흐르는 땀 때문에 표시선은 흐려졌다. 치료사는 표시선이 흐려질 때마다 물감으로 덧칠했다. 치료가 끝날 때까지 그 일은 반복됐다. 치료는 밤에 진행됐다. 빠르면 저녁 8시나 9시, 늦으면 밤 11시나 12시. 땀을 최소화하려고 낮엔 집에 있다 해가 지면 좀비처럼 일어나 산책로를 걸었다.

그 여름. 매일 밤 병원 가는 길은 드라이브였다. 유일한 즐거움이었다. 그때, 나는 끔찍한 불행 속에서도 모래알보다 작은 행복을 기필코 뒤져서 찾아내는 나를 보면서 인간이 얼마나 행복을 갈구하는 존재인지 확인했다.

# 머나먼 우주, 그 어디 2
-서른다섯 번의 방사선 치료

-대기 중인 환자분들에겐 양해 구하고 보호자께 지연되고 있다고 알려드렸습니다. 자, 다시 해볼게요.

방사선 치료 첫날. 밤 12시 즈음이었다. 철 지난 바닷가처럼 삭막하고 쓸쓸한 도로를 달려 한밤에 도착한 병원. 5월 말인데 한기가 느껴지는 병원 건물. 처음 보는 텅 빈 주차장. 낯설었다. 텅텅, 복도에 울리는 그와 내 발소리. 엘리베이터를 타고 지하 방사선 치료실로 갔다. 접수하고 (두 번째부턴 무인 접수대에서 접수했다) 여자 탈의실에서 속옷까지 탈의한 후 분홍색 가운으로 갈아입고 대기실에 앉았다. 전광판에 내 이름이 올라와 있다. 치료가 끝나는 날까지 이 과정은 서른다섯 번 반복됐다.

치료를 끝낸 환우가 가운을 여미며 나오자 내 이름이 호명되었다. 치료사의 지시대로 출입문 바로 앞에 마련된 작은 테이블에 가발과 안경, 가운을 벗었다. 티 내지 않으려 했는데 긴장해서 그런지 행동이 슬로모션처럼 느려졌다.

금속의 기계들이 내뿜는 냉기로 서늘한 치료실 온도. 직원 안내에 따라 신발을 벗고 베드 위에 누웠다. 치료에 대한 짧은 안내가 끝나자 두 명의 치료사가 자세를 잡기 위해 거대한 밀가루 반죽 매만지듯 내 몸을 내리고 올리고, 옆으로 밀고 당기기를 반복했다. 눈을 감았다. 그들을 도와주고 싶었지만, 가만히 있으라는 말이 돌아왔다. 이번에도 기다리는 것 말고 내가 할 수 있는 일은 아무것도 없었다.

얼마나 시간이 지났을까. 두세 명 치료사의 분주한 움직임에 공기가 불안하게 흔들렸다. 뭔가 뜻대로 안 되는 모양인지, 불안정한 목소리가 이어졌다. 치료가 지연됐다. 난처한 치료사들. 난감한 나. 늘 그렇듯 내 잘못도 아닌데 미안하고, 그들 뜻대로 해줄 수 없는 내 몸이 원망스러웠다.

대기실 환자들에게 양해를 구하고 들어오는 직원을 따라 술렁이는 대기실의 목소리도 함께 들어왔다. 싸늘한 공기 속에서 움직이지 않고 반 누드 상태로 같은 자세를 유지하는 건 어려웠다. 몸은 불편했고, 마음은 불안했다. 누드모델이 이런 기분일까. 몸의 감각이 사라져 갈 때쯤 치료사가 모두 나갔다. 그 넓은 치료실에 덩그러니 혼자 남았다. 감각이 마비된 몸은 이곳을 떠나 한 번도 가본 적 없는 시공간을 머릿속에서 떠돌았다.

철커덕 소리와 함께 문이 닫히고 "삐-"하는 기계음이 들렸다. 치료가 시작되었다. 그 소리와 함께 몸이 붕 떴다. 이렇게 가벼울 수가! 다른 곳보다 낮은 치료실 온도가 체온을 떨어뜨리며 감각과 이성을 마비시켰다. 무중력 상태로 빠르게 어딘가로 쉼 없이 이동하는 영혼. 색이 사라진 광활한 우주. 짧은 치료 시간이 내겐 수천, 수만 년보다 길었다. 좁은 베드가 크기를 가늠할 수 없는 광막한 공간이 되었다. 눈을 뜰 수 없었다. 눈을 뜨면 그대로 추락할 것 같았다. 아무것도 보이지 않았다. 내 숨소리조차 들리지 않았다.

철커덕. 출입문이 열렸다. 자세를 바꿔놓고 도망치듯 치료사가 빠져나가자 다시 "삐―" 소리와 함께 혼자 남았다. 우주에 당연히 있을 거라고 상상했던 행성이나 별, 인공위성은 보이지 않았다.

여기는 내가 알던 그 우주가 아닌가 봐….

고개를 이리저리 돌려봤다. 눈을 감았다 떠봤다. 아무것도 보이지 않았다. 공기조차 느껴지지 않았다. 팔다리를 휘저어봤다. 닿는 게 아무것도 없었다. 허공에 떠 있었다. 불안하지 않았다. 몸을 확인하려고 고개를 숙였다. 시야에 들어오는 게 없었다. 빛처럼 그대로 직진하는 시선. 몸을 움직여봐도 어떤 변화도 일어나지 않았다. 몸은 실체 없이 생각 속에 머물렀다. 감각도 마찬가지였다.

다시, 철커덕 문이 열리고 치료사가 들어왔다. 치료가 끝났다. 우주를 떠돌던 내가 먼지처럼 베드 위로 내려왔다. 눈을 떴다. 베드에서 내려와 출입문 앞 작은 테이블 위에 벗어놓은 가운을 입고, 가발과 안경을 썼다. 탁자 앞벽에 걸린 조악한 거울 쪽으론 눈길도 주지 않았다. 밖으로 나오자 대기실에서 다음 순서를 기다리던 눈들이 전부 내 몸에 날아와 꽂혔다.

-쯧쯧.

어디선가 혀 차는 소리가 낮게 들렸다. 고개 돌린 채 수군거리는 사람들. 환청이었을까.

대기실에 있던 그가 날 발견하고 안타까운 표정으로 일어났다. 놀라서 빨라진 그의 발걸음. 바들바들 떨고 있는 내 어깨를 감싸쥐는 그의 손. 떨지 않으려고 주먹을 꽉 움켜쥐고 이를 악물었다. 떨리는 목소리로 물었다.

-얼마나 있었어?

-한 시간쯤.

그 한 시간 중 치료시간은 불과 몇십 초밖에 되지 않았다. 등 뒤로 대기실 환우와 보호자의 호기심 어린 시선의 배웅을 받으며 여자 탈의실로 걸어갔다. 옷을 갈아입고 벗은 가운은 빨래통에 던져넣었다. 거울을 봤다. 낯설었다.

다행히 두 번째 치료부턴 치료시간이 짧아졌다. 서른 번째인가, 서른한 번째인가. 방사선 치료 종류가 달라졌다. 치료가 끝나자 잘 버티던 목 부위 피부가 벗겨졌다. 진료실에서 만난 의사는 괜찮다며 연고 하나 처방하지 않았다. 시간이 지날수록 벗겨진 살갗이 쓰라렸다. 인터넷을 뒤졌다. 이런저런 연고를 사다 발랐다. 잘 낫지 않았다. 서러웠다.

시공간이 사라진, 서른다섯 번의 우주(달리 그것을 지칭할 단어를 모르겠다)를 경험하고 치료는 끝났다. 벌써 2년 전 일이다. 피부는 치료 끝나면 돌아온다며 걱정하지 말라고 했지만, 회복속도는 더뎠고 피부색도 치료 전 상태로 회복되지 않았다. 지금도 회복 중인 걸까? 그게 아니라면, 우주가 남긴 흔적?

가슴에 큰 흉터를 남긴 수술 못지않게 항암치료와 방사선 치료도 몸에 이런저런 흔적을 남겼다. 새로운 증상이 생기고, 새로운 치료를 시작할 때마다 '정상'의 기준은 매번 치료 직전 '상태'로 업데이트됐다. 이후로 내 몸의 '정상'을 판단하는 기준은 암 이전 '건강한 상태'가 아니었다. 오늘 또 상황이 나빠진다면 회복해서 돌아올 지점은 3년 전 암 이전이 아닌 '지금, 여기 이 몸'이다.


죽음을 떠올릴 때마다 방사선 치료실이 떠오른다. 죽음이 그런 느낌일까. 칼 세이건은 우주에서 '물질이 인식의 주체'가 될 수 있는 유일한 곳이 지구라고 했다. 그 말은 물질과 인식은 한 몸이라는 걸까? 아니면, 물질이 인식을 품었다는 걸까? 그렇다면 인식의 발현 통로가 물질이라는 건가? 물질과 인식의 생성과 소멸은 동시에 일어나는 현상일까? 물질의 죽음이 인식의 죽음은 아니길 바라는 건 상상력에 의지한 욕심이겠지? 지금 나는 육체의 소멸 뒤 혼령으로라도 우주를 떠돌고 싶은 걸까….

증명할 수 없고, 경험할 수 없고, 이해할 수 없고, 예측할 수 없는 죽음을 두고 이런저런 말들이 떠돌았다. 죽음의 개방성과 가능성은 공포 조장에 안성맞춤이었다.

서른다섯 번의 방사선 치료는 내게 죽음을 닮은 우주를 보여 줬다. 죽음의 형태가 그런 거라면… 조심스럽게 두려움을 내려 놓아 본다.

# 운 날은 많았지만 1

### -첫 번째 울음

종양내과 진료가 예약되어 있다. 4주가 지났다. 진료 두 시간 전 채혈하고 호중구 수치가 기준을 넘으면 경구용 항암제 입랜 스를 처방받을 수 있다. 3차 처방이다. 그 말은 경구용 항암제를 복용한 지 석 달이 지났다는 뜻이다. 내 경우, 호중구 수치는 매 번 미달이었으니 엄밀히 말하면 석 달은 아니다.

요 며칠 컨디션이 좋지 않았다. 호중구 수치의 기준미달일 게 뻔하다. 채혈만 하고 빈손으로 돌아올 확률이 높다. 언제나 그 렇듯 '혹시', '만에 하나'의 경우를 생각한다. 컨디션이 좋았던 날 수치가 바닥이었다면, 체감하는 컨디션이 나빠도 수치는 좋 을 수 있지 않을까? 얼토당토않은 희망을 욕심내 본다.

내 침대와 아이들 침대를 오가며 해롱대다 오후가 되었다. 몸 이 가라앉으니 마음은 더 축축 처졌다. 이젠 이런 일로 눈물 나 지 않았다. 마지막 운 게 언제인지 기억도 나지 않는다.

처음 암을 진단받았을 때는 멍해서 눈물도 나지 않았다. 나에게 무슨 일이 닥친 건지 상황 파악도 하기 전에 끝없이 이어지는 검사와 진료일정을 쫓아가느라 슬플 겨를도 없었다. 눈물은 가족과 지인들이 대신 흘렸다.

치료방법과 일정이 정해지고 본격적인 치료가 시작되자 정신이 조금씩 돌아왔다. 차곡차곡 고여 있던 눈물이 영혼의 가장 약한 부분을 뚫고 흘렀다. 하루에도 몇 번씩. 텅 빈 집에서, 혼자 걷던 산책로에서, 단풍 물들던 산에서, 어두운 영화관에서, 비 내리는 거리에서, 소복이 쌓인 눈길을 걸으며, 울었다. 밥 먹다가, 설거지하다가, 아이 눈 바라보다가, 책 읽다가, 영화 보다가, 커피 마시다가, 음악 듣다가, 노을 보다가, 울었다.

눈물은 장소와 상황에 구애받지 않고 시도 때도 없이 흘렀다. 너무 많이 울어서 언제, 왜 울었는지 기억나지 않는다. 딱 두 번 빼고.

영혼에 각인된 첫 번째 울음. 첫 항암 마친, 가을이 깊어가던 2017년 10월 어느 날. 진료만 보는 줄 알고 갔다가 얼떨결에 첫 항암주사를 맞은 일주일 후였다. 그 일주일은 처음 느껴보는 통증으로 정신이 혼미했다. 항암치료에 앞서 치료과정 중 내 몸에 일어날 변화와 부작용에 대한 교육을 받았지만, 어리숙한 초짜 암 환우인 나는 그게 정확히 뭘 의미하는지 몰랐다. 일주일쯤 지나자 광기에 가까웠던 통증은 잦아들었다. 컨디션도 괜찮았다. 버스 타고 산 바로 밑에 도착했다. 조금 올라가다 벤치에 주저앉았다. 더 올라갈 수 없었다. 이건 뭘까 당황했다.

－일상생활에 지장 없지만, 생활하시다 보면 평소 체력에 못미쳐서 당황스러울 수 있어요. 너무 놀라지 마세요. 체력은 이전 상태로 회복되긴 어려워요. 괜찮았다가 갑자기 뚝 떨어지는 일도 있을 거예요.

흘려들었던 상담 선생님 얘기가 귓가에 맴돌았다.

아, 이게 그거구나…. 그 자리에서 30분 넘게 소리 죽여 통곡했다. 이제 다시는 항암치료 '이전의 나'로 돌아갈 수 없다. 그날, 산밑 그 벤치에서 몸은 무지한 나에게 경고장 날리며 내가 암 환우라는 걸 분명하고 명확하게 인지시켰다. 미처 닦을 새도 없이 터져 나오는 눈물 때문에 시야가 흐렸다. 저만치 부서지는 가을 햇살 아래 단풍 든 나무가 어른거렸다. 그날 입었던 옷, 앉았던 벤치, 거기서 바라봤던 나무, 긴팔 옷 위로 스치던 차가운 가을 공기가 지금도 가끔 생각난다. 그날, '건강했던 나'는 두고 '아픈 나'만 데리고 돌아왔다. 이따금 잃어버린 건강했던 '나'가 생각나는 날이면 그때처럼 폭포수 같은 눈물을 흘렸다.

암 환우 되고 투병하는 동안 통증 때문에 운 적은 없었다. 첫 항암주사 맞고 돌아와 가슴에 불을 올려놓은 듯한 통증이 몰려왔을 때도, 방사선 치료로 목 피부가 다 벗겨져 한 달 넘게 쓰라렸을 때도, 혈관 찾겠다고 주삿바늘을 찌른 상태로 이리저리 휘저을 때도 울지 않았다. 몸의 통증은 시간이 지나면 가라앉았다.

문제는 마음이었다. 내가 암 환우라는 걸 받아들이지 못했다. 그날, 분명 컨디션이 좋았는데 단 한 걸음도 내딛지 못하고 주저앉는 날 보면서 암 환우임을 인정했다. 회피하고 숨는다고 사라질 암이 아니었다. 몸부림치며 부정해봤자 현실은 바뀌지 않았다. 나는 제대로 싸워보지도 못하고 삶의 링 위에 뻗은 복서가 되고 싶지 않았다. 세상으로부터 소외된 낙오자가 되고 싶지 않았다.

그날, 나는 울면서 아픈 나를 끌어안았다.

# 운 날은 많았지만 2
-두 번째 울음

여덟 번의 항암치료를 마치고 수술 날짜가 정해졌다. 벚꽃 만개한 2018년 4월 17일.

수술 하루 전날 입원했다. 아이들은 중간고사 기간이었다. 입원하고 환우복으로 갈아입자 자잘한 검사가 이어졌다. 다음날 진행될 수술에 대한 설명을 듣기 위해 간호사를 따라 작은 방에 들어갔다. 설명을 들으면서 맥박을 체크했다.

"삐, 삐, 삐, 삐." 기계에서 불길한 신호음이 울렸다. 어리둥절한 나에게 간호사가 말했다.

-지금 이 소리 뭔지 아세요? 환자분 심박수가 너무 빨라서 나는 소리예요.

기계음으로 정체를 드러낸 내 안의 공포로 얼굴이 화끈거리며 부끄러웠다.

그날 밤. 밤새 잠들지 못하고 베개가 다 젖도록 숨죽여 울었다. 같은 날 수술 예정인 옆 침상 환우는 내 울음소리가 신경 쓰여 한숨도 못 잤다고 했다.

수술 당일. 오전에 외과 주치의가 서너 명의 의사를 대동하고 나타나 수술할 위치를 매직으로 표시했다. 가슴을 훤히 드러내고 의사 지시에 따라 베드에 앉았다 누웠다 반복했다. 최대한 내 몸과 거리를 뒀다. 이 몸은 내가 아니야. 이건 그냥 살덩어리야. 물질이야. 기분 더러울 필요 없어. 나는 여기 없어.

시간은 한여름 늘어진 엿가락처럼 느렸다. 옆 침상 환우가 오전에 수술을 끝내고 돌아왔다.

-수술이 간단해서 그런지 통증도 별로 없어.

낭랑한 목소리로 말했다.

거울을 보진 않았지만, 일그러지는 내 표정이 보였다. 신경은 끊어질 듯 팽팽했다. 귀는 진공상태처럼 먹먹하고, 시선은 초점을 잃었다. 날 데려갈 휠체어가 병실 앞에 도착했다. 멀쩡히 걸어갈 수 있는데 왜 휠체어에 태워 가는 거야. 날 실으러 온 휠체어마저 못마땅했다.

수술장 입구에서 그와 헤어지고 휠체어에 앉아 대기했다. 수술받을 환우들이 앉은 휠체어가 수술장 입구 문 앞에 들어온 순서대로 줄지어 세워졌다. 자동문이 열렸다 닫힐 때마다 가지 못하고 서 있는 그가 보였다.

-자기야, 나 아직 여기 있어.

텅 빈 수술 대기실에 울리는 그의 목소리. 그를 보지 않으려고 입구 반대 방향으로 고개를 돌리고 입술을 깨물었다. 눈물을 삼켰다. 간호사가 와서 수술명과 수술부위를 확인했다.

-보호자가 아직 저기 계시네요.

명랑한 목소리로 알려주는 어린 간호사. 그녀는 친절을 베풀고 싶었으리라. 기어이 참았던 눈물이 터졌다. 울음을 참아보려고 심호흡을 하고, 허벅지를 꼬집고, 입술을 깨물고, 대기실 천장을 노려봤지만 소용없었다. 왜 울었을까? 수술이 무서웠나? 수술을 앞둔 그 상황이 믿기지 않았나? 감정은 언제나 다층적이었다. 내 안에 켜켜이 쌓인 감정을 다 알 수 없었다. 나는 표면에 떠오른 감정만 겨우 알아차렸다. 하염없이 흐르는 눈물. 수술장 입구만 아니었다면 꺼이꺼이 목놓아 울고 싶었다. 간호사가 당황해서 발 동동 구르며 내 기분을 풀어주려고 궁금하지도 않은 질문을 해댔다. 단 한마디도 대꾸하지 못했다. 이미 정신은 반쯤 나갔다. 차라리 빨리 수술장으로 들어갔으면…. 영혼에 각인된 두 번째 울음이다.

수술장 문이 열리고 내 이름이 호명됐다. 저 문으로 들어갔다 나오면 지금과 다른 몸을 만나야 했다. 그 몸으로 남은 날을 살아야 했다. 실감 나지 않았다. 그게 어떤 삶인지 모른다. 그날 그래서 울었다는 건 수술이 끝나고, 방사선 치료도 끝나고, 벗겨진 피부가 회복되어 가던 늦가을 어느 날 문득 알았다. '여자'인 나는 끝났다는 절망이 수술부위 위에 얹어졌다.

그깟 가슴 하나가 뭐 그리 대수야. 살아있는 게 중요하지.

우리 나이에 가슴이 왜 필요하니?

그렇게 말하는 사람들 앞에선 맞는 얘기라고 동조하며 웃었
다. 말은 그렇게 했지만, 상실감은 오래갔다. 거울 앞에 설 때마
다 위축됐다. 수술장에서 번뜩이는 수술용 칼에 의해 무참히 잘
려나간 가슴 한쪽을 체념하기까지 오랜 시간이 필요했다. 달라
진 몸에 적응하고 친해지기 위해서 끝없이 별일 아니라고 나를
세뇌했다.

이전으로 돌아갈 수 없어요.

그 말을 자주 들었다. 자주 듣다 보니 염려라고 생각했던 그
말이 비난으로 들렸다. '이전'으로 돌아갈 수 없다는데 왜 그렇
게 받아들이지 못하고 징징거려. 꾸짖는 말로 들렸다. 질책으로
들렸다.

과거로 돌아갈 수 있는 사람이 있을까? 어려운 용어를 남발
하며 설명할 순 없지만, 어제의 나로, 일 년 전 나로 돌아갈 수
있는 사람은 없다. 시간은 한 방향으로 흘렀다. (아닐 수도!) 지
나면 그만이다. 몸에선 하루에도 수천, 수억 개 세포가 새로 태
어나고 죽는다. 처음, 아니, 몇 개월 전 몸을 이루던 세포는 이미
모두 사라지고 없다. 사람은 날마다 태어나고, 날마다 죽는다.

'이전'으로 돌아갈 수 없다. 그 말을 달리 표현하면 이전보다 나은 존재가 될 수 있다는 뜻이기도 했다. 이전보다 나은 존재. 울음을 그치고 고민의 방향을 틀었다.

어떤 존재로 살 것인가.
어떤 존재로 살고 싶은가.

# 커피 마셔도 되나요?

### -애정하는 종양내과 주치의

유방외과 진료 후 치료순서가 정해졌다. '항암치료-수술-방사선 치료'로 진행되는 표준치료. 표준치료에 포함되지 않는 '끝을 알 수 없는 회복'은 오롯이 환우인 내 몫이다.

애정하는 종양내과 주치의. 그를 설명하려면 병원 진료실 구조부터 알아야 한다.

병원 진료실 구조는 판에 박은 듯 닮았다. 진료실 문을 열고 들어가면 문 오른쪽에 모니터 하나 올라가는 작은 책상과 의자가 있다. 간호사 공간이다. 진료실 문에서 두 발자국 떨어진 곳에 등받이가 없는 동그란 빈 의자 하나. 환우 공간이다. 환우에겐 위치 선정권이 없다. 의자가 놓인 자리가 환우 지정석이다. 진료실 왼쪽 벽엔 기역자로 꺾인 책상이 있다. 의사 공간이다. 간호사 책상 앞, 의사 책상 맞은편 벽에 커튼으로 살짝 가려진 베드가 하나 있다. 진료실 문 맞은편 벽 왼쪽에 작은 세면대가 있다. 벽에는 '지난달, 이번달, 다음달'을 동시에 확인할 수 있는 달력과 함께 숫자가 크고 디자인이 심플한 시계가 걸려 있다. 일반적인 진료실 구조다.

종양내과 진료실도 비슷하다. 다만, 모니터 위치가 살짝 다르다. 일반적인 진료실 모니터는 환우와 의사 가운데 위치한다. 환우는 모니터 뒤통수를 보며 앉는다. 모니터 너머 또는 모니터 살짝 비켜선 위치에 의사가 보인다. 환우와 의사는 중간에 모니터 장벽을 두고 가깝고도 먼 사이가 된다. 의사의 시선이 모니터를 보는 건지, 환우인 날 보는 건지 종종 헷갈린다. 의사의 시선을 두고 모니터와 경쟁하는 꼴이다. 의사와 숨바꼭질하는 느낌이랄까. 의사 여기 있지요, 까꿍! 의사는 그 짧은 진료 시간 내내 모니터 뒤로 사라지고 나타나길 반복한다.

종양내과 주치의 모니터는 벽 쪽에 붙어 있다. 진료실 문을 열고 들어가면 시선이 먼저 가닿는 곳은 모니터 뒤통수가 아니라 주치의 옆모습이다. 모니터를 보는 건지, 날 보는 건지 헷갈리지 않는다. 주치의와의 진료는 길어야 1, 2분 사이다. 그보다 짧은 날도 많았다. 대기실 전광판에 내 이름이 올라오면 대기실에서 진료실 앞으로 이동해 순서를 기다린다. 진료실 앞 작은 전광판 '진료 중' 칸에 마지막 자를 가린 이름이 올라오면 진료실로 들어오라는 사인이다.

인사를 하고 의자에 앉으면 모니터 보던 주치의가 고개 돌려

날 본다. 언제나 같은 질문. 진료 시작이다.

 -○○○님. 좀 어떠셨나요?

 종양내과 첫 진료일. 주치의 인상은 나쁘지 않았다. '나쁘지 않음'이 '인간적임'으로 한 단계 상승한 건 찰나였다. 몸을 살짝 틀어 날 바라보던 주치의 눈빛.

 사람들은 묻는다.

 -도대체 그 의사 눈빛이 어쨌길래?

 뭐랄까… 음, 반복된 교육과 훈련으로 만들어진 조미료 냄새 진동하는 눈빛과 확연히 구분되는 눈빛이랄까. 그 눈빛에선 인스턴트 친절이 보이지 않았다. 담백했다. 병원 어디에서도 받아본 적 없는 눈빛이었다. 죽을지도 모른다는 공포에 짓눌려 경직된 날 위로하는 눈빛이었다. 온전히 환우에게 집중하는 시선. 그건 괜찮다는, 안심해도 된다는 시그널이었다.

 짧은 순간이었지만, 긴장이 풀렸다. 그날, 난 위로에 많은 시간과 에너지가 필요하지 않다는 사실을 알았다. 모니터 속 각종 수치와 질병 대상물이 아닌, 의자에 앉은 나에게 시선을 건네는 의사. 그가 종양내과 주치의였다. 그는 환우 얼굴을 보기 위해 고개를 돌리거나 몸을 살짝 틀었다. 그 작은 몸짓은 환우에 대한 존중이고 배려였다. 인간에 대한 예의였다.

 아, 날 존중해주는 사람이 이 병원에 있구나.

 대기실에 앉아 순서를 기다리던 어느 날, 환우들끼리 나누는 대화를 우연히 들은 적이 있었다. 그들은 그 의사 '덕분에' 치료 잘 받았다는 말을 주고받았다. 의학에 무지한 나는 진료 당일 환우의 혈액 수치로 항암제를 처방해주는 게 그 의사의 진료라고 생각했지만, 속으론 그 환우분들의 '덕분에'에 맞장구쳤다.

사람이 느끼는 건 비슷했다. 내가 그 의사에게 위로받았다면 다른 환우들도 그랬을 거야. 나만 특별 대우해 줬을 리 없었다.

나는 3주에 한 번 독한 항암제를 처방해주는 종양내과 진료를 기다렸고, 매번 충분히 위로받으며 여덟 번의 항암치료를 마쳤다. 표준치료 마치고 주치의가 권한 임상시험에도 기꺼이 참여했다. 재발해서 경구용 항암제를 선택할 때도 주치의의 권유를 따랐다. 뭘 모르기도 했지만 '토' 달고 싶지 않았다.

내가 하는 질문은 매번 같았다.

-그래야 할까요?

주치의의 판단을 존중하고 신뢰했다. 신뢰의 근거는 뭐였을까? 의술? 친절? 외모?

의술은 내가 판단할 수 있는 영역이 아니었다. 그가 다른 의사들에 비해 더 친절해 보이진 않았다. 그도 다른 의사들과 마찬가지로 감정을 배제하고 매뉴얼대로 진료했다. 과장하거나 축소하지 않았다. 성급한 희망과 섣부른 좌절을 불러올 수 있는 멘트는 자제했다. 의사들이 책임 회피하기 위해 입에 올리는 '최악'에 대해서는 말을 아꼈다.

첫 진료일, 모든 설명을 마친 주치의가 궁금한 게 있으면 물어보라고 했다. 궁금한 거? 나는 암 공부 안 하는 무지하고 게으른 암 환우였다. 궁금한 게 있을 리 없었다.

-커피 마셔도 되나요?

엥? 내 질문에 내가 더 놀랐다. 나는 평소 커피를 즐기지 않았다. 커피라니…. 무의식 속에서 건강한 사람과 아픈 사람 나누는 기준을 '커피'라고 생각했나? 갑자기, '커피'가 금지되면 헤어나올 수 없는 '환우의 늪'에 빠질 것 같았다.

주치의는 살짝 입꼬리를 올리고 말했다.

-하루 한 잔 정도는 괜찮습니다.

오예~. 그날 이후 항암제는 내 몸의 암세포를 담당하고, 커피는 내 영혼을 담당했다. 아끼고 아껴 가장 좋은 시간, 가장 좋은 장소, 가장 좋아하는 사람과 하루 한 잔 커피를 마셨다. 행복했다. 산에서 내려 마시는 더치커피는 끝내줬다. 커피 마시러 산에 가는 건 아닌지 헷갈릴 정도였다.

암이 재발한 지난여름 커피를 끊었다. 훌쩍. 그 누구도 강요하지 않은 자발적 결정이었다. 재발에 대한 책임을 애꿎은 커피가 짊어졌다. 너 때문이야. 재발의 희생양, 내 사랑 커피.


종양내과 진료는 짧으면 30~40분, 길면 한 시간 넘게 지연됐다. 화나지 않았다. 불만도 없었다. 주치의는 점심시간도 반납하고 하루 수십 명의 암 환우를 만났다. 진료 지연은 당연했다.

오전 진료 예약이었는데 오후에 진료실 문을 열고 들어갔던 날, 진료실 의자에 앉자마자 주치의에게 물었다.

-선생님은 점심식사 언제 하세요?

-진료 다 끝나면 먹습니다.

-…에구.

처음 만났을 때보다 홀쭉해 보이는 건 기분 탓이겠지? 종양 내과 대기실과 진료실은 환우와 보호자, 임상 연구간호사로 항상 북적였다. 질서? 정돈? 관리? 통제? 거리두기가 유일하게 지켜지지 않는 곳. 비인간적 환경에서 인간적 상태를 희망하는 곳. 의사들은 주린 배를 움켜쥐고, 간호사들은 요의를 참아가며 환우와 보호자를 만나는 곳. 그럼에도 아무도 불평하지 않는 곳. 그곳이 종양내과 대기실이었다.

지루한 대기실에 앉아서 나는 생각한다. 인간에 대한 존중과 환우에 대한 예의를 갖춘 의사를 병원에서 더 자주 만났으면 좋겠다고. 길고 지루한 대기시간 아깝지 않은, 통증 따위 한 방에 날려줄 따스한 눈빛으로 환우 어깨 토닥여주는 그런 의사를 만나고 싶다고.


내가 애정하는 종양내과 주치의는 어릴 때 잔병치레가 많았다고 한다. 몇 개월 전, 아버지를 떠나보낸 그는 환우들에게 나쁜 소식 전하는 게 두려웠단다.

-교수님만 믿어요.

한계가 보일수록 간절함이 커진다며 환우와 의사가 같은 곳을 보며 가야 한다고 믿는 의사. '있는 그대로' 알리는 게 원칙이라는 의사. 작은 가능성일지라도 기꺼이 알려주겠다는 의사.

암 환우인 울 엄마. 30여 년 전 엄마를 처음 진료했던 젊은 의사는 백발노인이 되었다. 오십이던 엄마는 팔순 할매가 되었다.

애정하는 나의 종양내과 주치의와 함께 늙어가고 싶다.

# 혈관이 보이지 않아요

### -통증보다 무서운 공포

암과 산 지 3년 좀 넘었다. 암세포가 내 몸에 둥지 튼 날부터 계산하면 우리의 동고동락은 좀 더 오래되었으리라. 내 피부를 뚫고 들어온 주삿바늘은 총 몇 개나 될까? 셀 수 없는 채혈과 정맥주사.

나의 젊은 아빠가 동네 병원장 멱살 잡았던 아주 오래전 기억 하나. 병원 베드 위에 누워 있던 날 근심 가득한 얼굴로 내려다 보는 엄마와 아빠, 병원 의사와 간호사가 어린 날 포위하고 있었다. 겁에 질려 발버둥치는 아이를 고정하겠다고 그 병원 간호사가 총동원됐다. 정맥주사를 놓으려고 했나 보다. 한 번 찔렀다.

-아악!

병원이 떠나가라 울부짖었다. 실패. 다시 찔렀다.

-아아악!

당황한 간호사는 혈관이 안 보인다고 했다. 병원이 떠나가라 우는 내 울음소리에 젊은 아빠의 얼굴이 시뻘게지고 있었다. 다른 간호사가 왔다. 찔렀다.

-아악!

역시 실패. 이번엔 내가 움직였단다. 기어이 의사 멱살을 잡은 나의 젊은 아빠. 의사가 간신히 혈관 잡고 주사를 놨다. 그 이후 기억은 없다. 울고불고 발버둥치느라 진이 다 빠져서 축 늘어지지 않았을까.

내 기억 속 혈관과의 싸움은 그날부터 시작되었다.


잊고 있던 혈관에 얽힌 공포는 암과 함께 다시 찾아왔다. 병원만 갔다 하면 채혈 아니면 정맥주사. 수많은 주삿바늘을 경험한 4년 차 암 환우인 나는 지금도 채혈이 무섭다. 수술만큼 무섭다. 젊은 아빠 대신 내 보호자가 된 그(남편)는 매번 눈 부릅뜨고 내 등 뒤에서 채혈 담당자를 예의주시했다. 한 번에 성공하지 못하면 다른 사람으로 교체해 달라고 성질을 부렸다. 창피한 건 내 몫이었다. 제발 그러지 말래도 통 들질 않았다. 2미터 접근 금지령을 내렸다. 대기 의자에 앉아서 이마에 주름 잔뜩 잡고 눈으로 레이저를 쏘고 있을 게 뻔했다. 어디서 오는지 모르는 따가운 시선에 어리둥절한 채혈 담당자. 에휴!

채혈 담당자와 간호사들은 내 팔을 보고 입 모아 합창했다.

-혈관이 안 보여요.

제 눈에도 안 보이네요.

-혈관이 도망 다녀요.

개가 발 달린 것도 아니고. 맨날 어딜 그렇게 도망 다닐까요?

-혈관이 약하시네요.

독한 항암 약 쏟아부었으니. 튼튼하면 이상한 거겠죠?

-혈관이 숨어요.

하다 하다 숨바꼭질까지? 애는 밀당의 고수인가요?

-에고, 채혈 힘들겠네요.

쉬운 적 있었나요?


수술하려 입원했던 날, 저녁에 정맥 주삿바늘 꽂으려고 간호사가 왔다. 역시나!

-혈관이 안 보이네요.

-네(미안합니다. 안 보여서).

-일단 한번 해볼게요.

하, 저 무모한 도전정신. 아니, 자신 없으면 다른 사람을 불러야지. 왜 '일단 한번' 찌르냐고. 못 먹는 감 한번 찔러보는 것도 아니고.

-주삿바늘이 두꺼워서 좀 아프실 거예요.

참았다. 실패

-아휴, 다시 한번 할게요.

참았다. 성공했다고 생각한 간호사는 주삿바늘 위로 테이핑을 했다. 통증이 점점 심해졌다.

　-아… 안 되겠어요. 아파요. 죄송해요.

　보호자 침상에 걸터앉아 있던 그가 벌떡 일어났다. 나는 고개를 돌렸다.

　-당장 주삿바늘 빼세요. 이 사람 어지간하면 이런 말 안 하거든요. 다른 사람 불러주세요.

　고참 간호사가 오고 나서야 끝났다. 같은 날 수술하는 옆 침상 환우는 뚝딱 한방에 혈관을 찾았다.

　-옆의 분 때문에 겁먹었는데 안 아픈데요?

　-옆 환우분은 혈관이 안 보여요.

　다 들리는 간호사와 옆 침상 환우의 대화. 아오, 대꾸하기도 뭐하고. 쩝!


　어릴 때부터 약하고, 보이지 않고, 도망 다니고, 숨던 혈관은 항암치료 후 그 증상이 더 심각해졌다. 그 독한 항암약이 혈관을 타고 돌아다녔으니 멀쩡하다면 이상하리라.

　채혈할 때면 나는 자수하여 광명 찾는 심정으로 저, 혈관이 잘 안 보여요, 먼저 고해성사했다(그러니 잘 좀 부탁해요). 담당자에게 왼팔을 맡기고 고개 돌리고 눈 감았다. 이 모든 일이 빨리 끝나길 기다리면서. 채혈은 담당자와 내 혈관 컨디션에 따라 무사히 끝나기도 했고, 진땀 빼기도 했다.

　지난여름. 수술로 입원했을 땐 오른팔은 수술한 팔이라 안 되고, 왼팔은 이미 정맥주사 바늘을 꽂은 상태였다.

으, 왜 사람 팔은 두 개밖에 없는 거야. 오징어나 문어처럼 여러 개 갖고 있으면 좀 좋아? 이 팔 안 되면 저 팔 내밀고, 한쪽 팔에 주삿바늘 꽂아도 남아도는 팔 많으니 아무거나 하나 골라 잡아요, 이러면 좀 좋으냐고.

새벽에 벌컥 문 열고 들어온 혈기왕성하고 피로에 찌든 젊은 의사 양반. 발을 달라고 했다.

-발은 좀 아파요.

양발을 이리저리 살피더니 혈관이 안 보인단다. 뭐야, 발도?

-일단 한번 해볼게요(그놈의 '일단 한번').

-(찔렀다. 실패) 다시 해볼게요. (찔렀다) 바늘 좀 움직여볼게요.

바늘 찌른 상태에서 이리저리 주삿바늘을 움직이며 혈관 찾는 기술 들어간다.

-으으으음….

신음이 터지자 보호자 침상에 앉아 있던 남편이 일어났다.

-다른 사람 불러주세요.

혈기왕성하고 피로에 찌든 젊은 의사 양반이 격앙된 목소리로 말했다.

-제가 담당잔데 누굴 불러요?

아니, 그러니까 너 말고 잘하는 사람. 꼭 담당자가 하란 법은 없잖니? 융통성이라곤!

몇 번을 박력 넘치게 찌르고 쑤셔대더니 성공하고 저벅저벅 걸어나가는 젊은 의사 양반. 채혈 한 번에 온몸의 진이 다 빠졌다. 제길! 그 전날, 혈압이 낮다며 간호사가 급하게 몇 번 들락거리고, 담당의사에게 전화하고, 좀 번잡스러웠다. 그래서 더 힘들었을까?

그래, 젊은 의사 양반이 뭔 잘못이겠냐. 다 내 잘못이지. 혈관아, 제발 제자리에 가만히 있으면 안 되겠니? 너도 바늘이 무서워? 그런 거야? 에궁, 쓰담쓰담….


채혈이 매번 힘들기만 했던 건 아니다.

표준치료 마치고 종양내과 주치의 권유로 임상시험에 참여했다. 임상시험 대상자는 연구 채혈실에서 별도로 채혈했다. 일반 채혈 접수대 앞에 줄 서 있는 환우들을 당당히 지나쳐 프리패스로 접수대 통과하고, 연구 채혈실 앞에서 번호표 뽑고 기다렸다. 매번 채혈 담당자가 바뀌는 일반 채혈실과 달리 연구 채혈실은 담당 선생님이 계셨다. 이름이 외자였던 선생님. 바늘이 들어가는지 나오는지 모르게 완벽한 채혈을 구사했다. 혈관 약한 임상시험 환우만 전담해서 그런가? 오, 존경의 눈빛 발사.

-제가 경험한 채혈 선생님 중 단연코 선생님이 최고예요.

수줍게 고백했다. 무엇으로든 감사함을 표현하고 싶었다.

-오랜만에 오셨네요?

-아, 저를 기억하세요?

-네, 호호.

진료카드는 꺼내지도 않았다.

-성함이 ○○○이시죠?

-맞아요. 어떻게 제 이름까지?

놀라는 내 표정에 웃기만 하던 그 선생님은 내가 혈관이 잘 잡히지 않는 환우라는 걸 알고 있었다. 매번 신중하게 혈관을 찾았다. 팔뚝에서 못 찾는 날은 손등에서 찾았다. 손등에서도 못 찾는 날은 주삿바늘을 찌르고 왔다 갔다 움직이며 혈관을 찾았다(젊은 의사 양반이 했던 바로 그 방법).

죽을 만큼 심한 통증은 아니었다. 통증보다 공포가 더 심했다. 딱 한 번 그 방법을 시도한 선생님은 채혈 전에도, 끝난 후에도 진심 어린 말을 전했다.

-많이 아프셨죠? 죄송해요. 잘 되는 날이 있는데, 오늘은 안 되네요.

-괜찮아요.

눈 감고 고개 돌리고 빨리 끝나기만 기다렸다.

-성공했어요!

선생님은 늘 성공 여부를 알려주었다. 다 끝났으니 편안하게 있어도 된다는 말이었다. 그 사소한 배려에 감동 먹었다. 고마웠다.

재발하고 임상시험도 종료됐다. 다시 일반 채혈실로 보내졌다. 내 이름 석 자 기억해주던 그녀가 그립다. 채혈을 해야 한다면 그녀에게 받고 싶다. 바늘이 들어오는지 나가는지 느낄 수 없었던 완벽한 채혈. 혈관을 들쑤신 날도 그녀의 따뜻한 마음 덕에 참을 만했는데….

가끔 억세게 운 좋은 날, 일반 채혈실에서 맘에 드는 담당자를 만나기도 했다. 그런 날은 괜히 기분 좋았다. 그(남편)는 담당자 이름을 기억해 두었다 다음에도 그분에게 부탁하자고 했다. 그럴 수 없다는 걸 뻔히 알면서.

내가 병원 복도에서 쓰러질지언정 1만 보 걸음 마다않고 채혈을 한 번으로 줄여보겠다고 병원을 종횡무진 돌아다니며 진료 일정을 조정하는 이유는 그래서다.


무뎌지지 않는 통증, 익숙해지지 않는 공포.
나만 그래? 이런 겁쟁이. 세상 쫄보!

# 제발 너 말고 다른 의사를 데려와 줘!

## -케모포트 시술과 제거

첫 항암주사 맞던 날, 간호사가 물었다.

-혈관이 약하시네요. 포트 시술 안 하셨어요?

-네….

병원 갈 때마다 진땀 빼며 혈관 찾아 삼만 리. 약하고 숨고 도망 다니는 게 주특기인 내 혈관은 독한 항암제에 버티지 못하고 망가질 게 뻔했다. 항암치료 중 혈관 때문에 치료받지 못하면 어쩌나 우려되는 상황이었다.

주사실 간호사는 포트인지 뭔지 하는 시술을 권했다. 항암치료 교육받을 때 들은 것도 같다. 그날 내가 제대로 들은 건 있는지… 한심하다. 종양내과 주치의에게 간호사 의견을 전달했다. 주치의가 '케모포트 시술' 의뢰를 넣었다. '케모포트'란 '중심정맥관 삽입'을 말한다. 중심정맥에 500원짜리 동전 크기만 한 케모포트를 삽입해 치료시 별도의 혈관 확보 없이 항암주사를 맞을 수 있다고 했다. 고민할 이유가 없었다. 부분마취하고 한 시간이면 되는 간단한 시술이라고 했다. 시간은 중요하지 않았다. '부분마취'가 걸렸다. 시술하는 동안 '깨어 있는' 게 싫었다. 시술과정을 말짱한 정신으로 지켜보는 게 불편했다.

시술 당일. 준비를 마치자 담당 교수가 수술방으로 들어왔다. 대기하고 있던 의료진에게 '자, 그럼 시작할까?'라는 인사와 동시에 시술이 시작됐다. 마취합니다. 좀 뻐근합니다. 부분마취. 감각이 마비된 피부 위로 스윽 지나가는 예리한 수술용 칼. 피가 흐르는 느낌. 수술방 안의 이런저런 소음들. 의료진들의 대화. 눈을 떠도 감아도 어색했다. 분명 베드 위에 있지만, 없는 존재. 나는 의식 없는 척하며 그 시간을 견뎠다.


그 시술 덕에 항암주사실 간호사는 혈관과 씨름하지 않고, '하나, 둘, 셋' 구령에 맞춰 케모포트에 주삿바늘을 찔렀다. 나는 나대로 혈관에 대한 공포를 잊고 항암치료를 마쳤다. 수술 일정이 정해진 후 외과 주치의에게 케모포트 제거도 해줄 수 있냐고 물었다. 예상대로 그럴 수 없으니 일정을 따로 잡으라고 했다.

벚꽃 흩날리던 봄, 수술. 뜨거운 여름, 방사선 치료. 아무도 케모포트의 안부를 묻지 않고 가을이 왔다. 겨울 초쯤 되자 슬슬 불안했다.

-이 케모포트는 언제 제거하나요?

-아, 아직 제거 안 하셨어요?

-네…?

누군가 챙길 줄 알았다. 아무도 관심 없었다. 뒤늦게 시술 오더가 내려졌다. 케모포트 제거 시술 당일. 병실이랑 똑같은 커튼이 둘러쳐진 네모난 공간에 베드 하나와 수납장이 빼곡히 놓여 있었다. 베드만 없다면 그냥 창고라고 해도 믿을 만한 공간이었다. 설마 여기서 한다고?

시술 담당 젊은 의사가 들어왔다. 베드에 누웠다. 부분마취. 30분 정도 소요된다고 했다. 시술이 진행되는 동안 스스럼없이 커튼을 열어젖히며 간호사와 하얀 가운을 입은 사람들이 수시로 드나들었다. 그들은 내 시술부위를 힐끔거리며 시술 담당자인 젊은 의사와 이런저런 대화를 주고받았다. 그중엔 시술과 어울리지 않는, 그들끼리만 알아들을 수 있는 농담도 있었다. 제발, 이 젊은 의사에게 아는 체 좀 하지 마. 얘는 지금 시술에만 집중해야 한다고. 몇몇은 담당자인 젊은 의사에게 '쉽지 않겠어' 하는 눈짓을 보냈다. 몇몇은 '아직도?'라고 물었다. 기분 나쁘고 불쾌했다. 소독, 감염, 병균. 이런 단어들이 머릿속을 둥둥 떠다녔다.

-아직… 멀었나요?

-네. 아휴, 잘 안 되네요. 아프세요? 통증 느껴지세요?

-그런 건 아니고… 얼마나 더 해야 할까요?

-네. 그러니까 이게 너무 오래 놔둬서… 쉽지 않네요. 통증 느껴지면 얘기하세요. 마취 더 해드릴게요.

-네…(차라리 전신마취를 시켜줘).

그 젊은 의사는 그 뒤로도 "어후", "에휴", "어흐", "아…" 등 다양한 신음을 토해내며 진땀을 흘렸다. 낑낑거리는 그의 불안한 숨결을 지척에서 느끼며 두세 번 더 마취를 요구했다. 통증보다 의사가 내뱉는 한숨과 신음 때문에 공포가 더 컸다. 그 와중에도 커튼 펄럭이며 유니폼 입은 병원놈들이 수시로 드나들었다. 그들은 나와 의사를 번갈아 쳐다보며 수납장에서 필요한 물품을 꺼내 가고 가져다 넣었다. 이럴 거면 전신마취를 시켜놓든지! 뻔히 깨어 있는 줄 알면서. 환우 인권은 안중에도 없는 병원놈들.


제발 너 말고 다른 의사를 데려와 줘.

너보다 위에 있는 의사를 데려와 줘.

너도 그만 포기하고 싶지?

지금이라도 포기해줘. 제발!

날 두고 실습하지 말아 줘.

제대로 된 의사가 되는 과정에 나를 끌어들이지 마.

나는 의료계 발전을 위해 희생하고 싶지 않아.

너의 의술 향상을 도울 생각이 없어. 눈곱만큼도!


하마터면 입 밖으로 터져 나올 뻔한 그 말들은 점점 커지는 두려움과 함께 삼켜버렸다. 두려움까지 마취시켜 줬으면…. 30

분 소요된다던 시술은 한 시간 반을 훌쩍 넘겨 끝났다.

시술 후 얇은 담요 한 장 덮인 채 사람이 지나다니는 복도 한쪽에 방치됐다. 간호사는 그걸 두고 '회복'이라고 했다. 30분 넘게 버려진 몸 위로 동정과 의문의 시선이 힐끔거리며 지나갔다. 서러웠다. 설마 날 잊은 건 아니겠지?

시간은 더디게 흘렀다. 치욕스러웠다. 몸은 사시나무 떨듯 떨렸다. 고개를 들어봤다. 여긴 어디지? 몇 발자국 떨어진 곳에 시술 전 그와 함께 있던 대기실이 보였다. 내가 여기 버려진 줄도 모르고 그는 저기서 날 기다리고 있겠구나.

《도시에서 죽는다는 것》에서 저자 김형숙은 '치유의 주체가 되지 못하는 현대 의료 시스템' 안에서 환우 역할은 수동적일 수밖에 없다고 했다. 내 몸에 대해 어떤 발언권도 가질 수 없는 존재가 현대 의료 시스템 속 환우였다. 김형숙은 '개별적이고 고유한 특성을 가진 인간이 아니라 생명 유지에 필요한 활력 징후나 검사 수치들로 환원되는 존재'가 환우라고 했다. 오랫동안 '대상화되었던' 몸. 나 또한 뼈저리게 느낀 바였다. 오로지 검사 수치로 결정되는 나의 상태. 큰 수술이든 간단한 시술이든 수술방 베드 위의 나는 내가 알던 '나'가 아닌 것만은 확실했다.

그럼 도대체 거기 누워 있는 그 몸뚱이는 누구인가? 누구 것인가?

산다는 것은 이상한 일이라고, 그 웃음의 끝에 그녀는 생각한다. 어떤 일이 지나간 뒤에라도, 그토록 끔찍한 일들을 겪은 뒤에도 사람은 먹고, 마시고, 용변을 보고, 몸을 씻고 살아간다. 때로는 소리 내어 웃기까지 한다.

-한강의 《채식주의자》 중에서

이 모든 일은 오래전 지나갔다.

오늘 나는 웃는다. 산다는 건 그런 거다. 그 젊은 의사는 나를 비롯한 환우 여러 명의 희생으로 지금은 실력이 일취월장했으려나? 어쩌면 몇십 년 뒤 그 의사는 '명의'로 이름을 떨칠지도 모를 일이다.

살다 보니 내 의사와 상관없이 의료계 발전을 위해 이바지하며 팔자에도 없는 이타적 존재가 되었다. 허허허.

# 뭘 그렇게 잘못했겠어요?

### -가정의학과 '첫' 주치의

표준치료가 끝나고 임상시험이 시작되었다. 항암치료 당시 혈당수치와 콜레스테롤 수치가 높았다. 종양내과 주치의는 치료 종료 후 수치를 다시 보자고 했다. 수치는 내려가긴 했지만 정상을 웃돌았다. 진료가 있던 날 주치의가 간호사에게 말했다.

-○○○ 선생님 연결해 드려요.

그녀가 내 가정의학과 '첫' 주치의였다. 톤 다운된 차분한 표정. 가을볕 아래 하늘하늘한 코스모스. 가냘픈 노루 한 마리. 야생 생태계인 대형병원에서 보기 드문 '인간적'인 사람이었다.

-○○○님. 콜레스테롤 수치랑 당 수치가 높아요. 약 처방해 드릴게요.

-식단 관리하고 운동하면서 조절하면 안 될까요?

-그게 말처럼 쉽지 않아요.

-한번 시도해보고 안 되면 그때 약 먹어도 되지 않나요?

-지금 환자분 수치가 상당히 높아요. 음식이랑 운동으로 조절하기엔 한계가 있어요.

어릴 때부터 약 먹는 게 싫었다. 약만 싫었던 게 아니라 주사도 싫었고, 의사도 싫었고, 간호사도 싫었고, 병원도 싫었다. 용케 병원 출입 안 하고 50년을 살았다. 먹는 약은 소화제랑 두통약이 다였다. 보험금 수령 문제로 5년치 병원기록을 확인할 기회가 있었다. 1년 평균 두세 번이었다. 주로 안구건조증과 감기 몸살.

표준치료 끝나면 병원에 두 번 다시 올 일 없을 줄 알았는데, 몸은 바닷가 모래성처럼 속수무책으로 무너졌다. 병원은 그런 날 쉽게 놔주지 않았다. 임상시험하자, 콜레스테롤 관리하자, 림프부종 치료하자. 자꾸 불러댔다. 의지박약 암 환우인 내 입에서 '식단 조절', '운동' 같은 단어가 술술 나왔다.

그즈음 병원 가는 일에 무감각했다. 시계추처럼 영혼 없이 왔다 갔다 했다. 그래도 싫은 건 싫은 거였다.

사람 마음 간사했다. 치료하자, 수술하자, 약 먹자면 질색하며 뒷걸음질치다가도 치료 어렵다, 수술 안 된다, 약으로 조절할 수 없다고 하면 날 버리나 싶어 몸이 달았다. 관심 보이며 적극적으로 나오면 도망가고, 뿌리치고 내치면 울면서 매달렸다. 가관이었다. 가정의학과 약 복용도 그랬다. 약 먹자면 싫다고 고개 저어놓고, 약 처방 안 해주면 식단 관리랑 운동을 어떻게 하냐며 시무룩했다.

그런 내 속내를 빤히 읽은 다정한 가정의학과 주치의는 어린 아이 대하듯 날 설득했다. 시계를 몇 번이나 쳐다보면서 지금 내 상태와 앞으로 복용할 약을 설명했다. 증상 호전되면 약 줄이고 끊겠다 약속했다. 부드러운 눈길과 조용한 목소리로 억지 부리는 날 달랬다.

말 잘 듣는 환우가 되었다. 처방해준 약은 군말 안 하고 복용했다. 나는 약 처방전 써주는 의사 말고 내 투정 받아주는 의사가 필요했나 보다. 쯧쯧쯧. 그 선생님에게 칭찬받으려고 식단 관리하고 꾸준히 운동했다. 효과는 미미했다.

실망감을 감추지 못하는 나에게 그녀가 말했다.

-콜레스테롤 수치를 100으로 보면, 우리 몸에서 자연 생성되는 수치가 80이에요. 식단이나 운동으로 조절할 수 있는 건 20밖에 되지 않아요.

-네….

-생각해보세요. 환자분이 살아오면서 뭘 그렇게 잘못했겠어요? 그렇지 않나요? 술담배를 한 것도 아니고, 매 끼니 인스턴트만 먹은 것도 아니고. 운동을 게을리한 것도 아니잖아요. 스트레스받지 말고 약 드시면서 조절해요.

뭘 그렇게 잘못했겠어요?

그 말에 울컥해서 하마터면 진료실에서 목놓아 울 뻔했다.

사람들은 내가 암이라니까, 어쩌다 암에 걸렸나 일거수일투족을 관찰하고 지적했다. 너는 네가 잘못해서 아픈 거고 나는 내가 잘해서 건강한 거야. 건강으로 우월감을 확인하고 싶은 사람들은 아픈 내 앞에서 건강을 뽐내고 싶어 안달을 냈다. 그들은 선의의 조언이라 했고, 나는 돼먹지 않은 오지랖이라 했다.

이러니까 니가 암인 거야.

뭐 하느라 니 몸 하나 관리 못 했어?

대체 어쩌다 이 지경 될 때까지 놔둔 거야.

다 네 탓이야. 니 잘못이야. 문제는 너라고!

내가 뭘 그렇게 잘못했을까? 나를 들여다보기에도 하루해가 짧았다. 암세포보다 지독한 자기검열.

어느 날, 적당한 음식의 양을 모르겠다는 내 말에 주치의는 시계를 힐끗 보더니 종이와 펜을 꺼냈다. 그녀는 이해하기 쉽게 그림을 그리며 설명했다. 그래도 감이 잘 안 왔다. 나는 무슨 음식을 얼마나 먹고 있는지 파악하기 쉽게 매 끼니 식판에 담아 사진으로 남겼다. 다음 진료일에 그 사진을 보여주고 의견을 물어보려고 했다.

그런데 그러지 못했다. 그녀가 퇴사했다. 그 소식을 듣고 나는 서운함을 감추지 못했지만, 곧 그녀를 이해했다. 경제적 이익 창출을 위해 하루에 수십 명씩 환자를 진료하는 차가운 병원 생리와 어울리지 않게 그녀는 지나치게 '인간적인'이었다.

그녀 후임으로 배정된 의사와는 초반에 마찰이 좀 있었다.

-지난번 선생님이 수치 조절 잘되면 복용 용량을 줄여주신다고 했는데….

-아, 놔! 진짜 그 선생님은 환자들한테 무슨 소릴 어떻게 한 건지… 저 제약회사에서 돈 받는 거 아니거든요. 지금 환자분 드시는 약은 죽을 때까지 드셔야 해요. 중간에 멈출 수 없어요.

퇴사한 의사가 다정한 친모라면 후임 의사는 의붓딸 머릿속 친모의 흔적을 지우려는 인정머리 없는 계모였다. 잊고 있던 차가운 병원 생리를 조목조목 짚으며 환우로서 나의 마음가짐을 리셋시켰다. 차라리 AI 의사가 인간적이지 않을까.

어차피 수치로 약 처방하는 의사 나부랭이라며, 그 의사의 자질과 품격을 문제삼고 내 멋대로 폄하했다.

퇴사한 주치의와 다정하게 머리 맞대고 의논할 생각으로 찍어뒀던 사진은 모조리 삭제했다. 후임 의사는 그따위 음식 사진 들여다볼 만큼 한가해 보이지 않았다. '진료일정 통폐합'할 때 나는 굳이 그 의사를 고집하지 않았다. 어차피 약 처방전만 받으면 됐다. 어떤 의사로 대체돼도 상관없었다. 기대를 낮추니 더는 화나지 않았다. 따박따박 약 처방받아 하루도 빼먹지 않고 꿀꺽꿀꺽 삼켰다.

어느 날, 용량을 늘리면 늘렸지 절대 줄이거나 끊을 수 없다던 약 가운데 한 가지를 빼고 처방했다. 이유를 물었다.

―관리가 잘 되고 있어요. 수치도 안정적이에요. 용량 좀 줄이고 지켜보죠.

진료실 문을 열고 나오는데 어찌나 통쾌하던지! 그날은 그 의사가 그럭저럭 괜찮아 보였다. 초반 그 의사와의 마찰은 반항하는 의붓딸 길들이려는 계모의 꿈수는 아니었을까? 어느새 나는 계모의 조그만 칭찬에도 기뻐하는 의붓딸이 되었다. 푸핫!

이따금 자기반성에 혹독한 날이 있다. 참을 수 없을 만큼 내가 못마땅한 날, 그런 날이면 노루처럼 선했던 '첫' 가정의학과 주치의 말이 가슴 저 깊은 곳에서 울리며 나를 다독인다.

뭘 그렇게 잘못했겠어요?

하늘은 인간적이지 않다. 하지만 그 시절의 나는 아직 인간적이었다.

―보후밀 흐라발의 《너무 시끄러운 고독》 중에서

# 앞으로 나빠질 일만 남았어요

-너의 의지를 보여줘

2년 전 유방 수술 후 재활의학과 진료를 예약해 주었다. 어느 과에서, 누가, 왜 예약해 줬는지 기억나지 않는다. 대형병원의 장점 중 하나는 한 번 '고객'이 된 환우는 '알아서' 관리해 준다는 것이다. 건강해져서 병원을 벗어나면 어쩌나 전전긍긍하며, 티끌만 한 이상 징후만 보여도 화들짝 호들갑을 떨며 살뜰히 챙겨준다. 눈물겹다. 비아냥 아니다. 진짜 그렇게 생각한다.

프로그램화되어 있는 진료일정, 예상을 벗어난 적 있었나? 언제나 실망시키지 않고 예상 적중하는 표준 환우. 기꺼이 몸 제공하며 기대에 부응하는 환우. 그게 나였다. 완벽하게 짜인 프로그램에 따라 치료받았다. 나의 궁금증이나 의지가 뭐 대수겠는가. 무슨 상관이란 말인가.

재활의학과 진료를 앞두고 림프액 순환을 확인하기 위해 CT 촬영을 했다(MRI 촬영이었나?). 검사 당일, 기계에 누웠다. 심각한 표정의 치료사. 검사를 위해 손가락 사이에 주사액을 주입할 건데 엄청 아플 거라고 했다. 두려움에 눈이 커졌다. 절대 손을 빼거나 움직이면 안 된다고 했다. 겁먹은 내가 미덥지 않았는지, 본능적 방어 행동을 우려했는지, 내 손을 꽉 잡았다. 주삿바늘을 꽂았다. 으악! 속으로 비명을 질렀다. 주사액은 인정사정 봐주지 않고 들어갔다. 눈물 찔끔.

다음 진료일. 의사가 검사한 사진을 보여줬다. 왼팔엔 보이지 않는 크고 작은 점이 오른팔엔 보였다. 림프액이 원활히 흐르지 못하고 뭉쳐 있는 거라고 했다. 림프부종.

－○○○ 씨, 팔 한번 볼까요?

앙증맞은 크기의 줄자와 볼펜을 든 의사가 오른팔과 왼팔의 치수를 쟀다. 팔목 기준으로 10센티미터 위, 아래 양팔 크기를 비교한다. 차이가 2센티미터 이상이면 '물리치료실' 행이다.

'물리치료실' 행 확정. 한여름이었다. 2주 동안 물리치료사에게 마사지와 압박붕대 치료를 받았다. 매일 아침 일어나 어제 물리치료사가 현란하고 능숙한 손길로 감아준 압박붕대를 풀고 다시 감았다. 팔을 압박했던 붕대가 한 겹씩 풀릴 때마다 팔이 조금씩 숨쉬었다. 방바닥에 어지럽게 풀린 압박붕대를 하나하나 정성스럽게 감았다. 그 단순노동이 어찌나 서럽던지…. 정상적인 삶은 자꾸 멀어졌다.

잘 감은 압박붕대를 들고 병원에 갔다. 압박붕대 없는 오른팔을 볼 수 있는 유일한 시간이었다. 치료 후 다시 압박붕대를 감고 대중교통을 이용해 집으로 돌아왔다. 새로 장만한 통 넓은 반팔 소매 밖으로 압박붕대를 감아 흉물스럽게 변한 오른팔이 나왔다. 그 팔을 바라보는 시선은 두 종류였다. 호기심과 동정. 호기심이 지나친 사람은 "왜 그런 거예요?" 물었다. 동정이 지나친 사람은 눈길도 피하지 않고 "쯧쯧" 혀를 찼다. 나는 아무렇지 않은 척했다. 그들을 이해하는 척했다. 속으론 경멸하고 혐오했다. 그들과 나, 둘 다.

치료기간이랑 겹친 엄마 생신. 어쩔 수 없이 압박붕대를 감은 채 음식점엘 갔다. 엄마 얼굴이 일그러졌다.

-너 이러고 왔니?

-응.

-안 창피해?

-응?

고기랑 채소를 샤부샤부 냄비에 넣던 그가(남편) 발끈했다.

-창피한 게 아니고 안타까운 거죠, 어머니.

고개를 돌리는 엄마. 자식의 아픔을 두고도 객관적이고 보편적인 시선을 고집하는 엄마. 번번이 그 시선에 주관적으로, 보편적으로 상처받는 나.

2주 물리치료 후 결심했다. 두 번 다시 물리치료실엔 발을 들여놓지 않으리라(지금까진 성공적!).

방치하면 코끼리 다리처럼 붓는대.

나 아는 사람은 맨날 병원 가서 물 빼고 오더라.

림프부종은 증상 심해지면 가망 없대.


림프부종에 대한 괴담이 압박붕대보다 한층 더 날 '압박'했다! 매일 잠자리 들기 전 압박붕대를 감았다. 눈 뜨면 압박 스타킹을 착용했다.

암 환우가 된 후 의지로 몸을 통제할 수 없어 절망했다. 림프부종은 예외였다. 어떻게 관리하느냐에 따라 증상은 호전될 수 있었다. 아니, 최악은 피할 수 있었다. 림프부종 역시 완치는 없다. 죽는 날까지 관리해야 한다고 했다. 주치의가 강조한 건 체중 관리와 부종 관리.

-○○○ 씨, 체중은 좀 어떠신가? 팔 좀 한번 볼까요?

-언제까지 치료하면 되나요?

-허허, 앞으로 나빠질 일만 남았는데 언제까지라니….

-네?

얼굴이 화끈거렸다. 아, 이 또한 의지와 무관하다는 건가. 통제할 수 없단 건가.

호중구 수치, 암세포, 콜레스테롤 수치, 혈당 수치, 갑상선 호르몬… 그 모든 게 의지와 상관없다고 했다. 아니, 의지로 할 수 있는 부분이 적다고 했다. 쓸데없는 고집 피우지 말고 약 먹으라고 했다.

내 몸에서 일어나는 일을 내가 통제할 수 없다면 사유와 감정, 의지, 그건 내 거 맞아? 실망은 오래갔다. 절망은 더 오래갔다. 압박붕대와 압박 스타킹 착용을 멈추지 않았다. 내 몸을 위해 할 수 있는 건 그게 유일했다. 그래 보였다.


재활의학과 진료는 증상에 따라 진료 간격이 3개월에서 5개월로, 4개월로, 다시 3개월로 조정되었다.

처음 진단 후 2년이 넘어가던 작년 10월 진료일.

-○○○ 씨, 체중이 늘어서 왔네?

-네… 수술하는 바람에 관리를 못 했어요.

-수술? (의사가 모니터를 확인한다) 음… 아… 그래서… 음….

신음만 뱉어내는 의사. 재발과 수술이 내 잘못인 것 같아 또 고개가 숙여졌다.

-(짐짓 아무렇지 않은 척) 팔 한번 볼까요?

얌전히 내민 두 팔을 꾹꾹 누르며 촉진하는 의사. 줄자와 볼펜을 들고 치수를 재고는 이전 기록 확인을 위해 모니터를 본다.

-음, 괜찮은데요! 관리 잘하고 있어요. 붕대는 얼마나 자주 하시나?

-일주일에 두어 번 정도….

거짓말이다.

-특별히 더 붓고 그래서 하셨나?

-아니요.

-붓지 않았는데, 일부러 붕대를 감을 필요는 없겠는데?

-네?

잘못 들었나 귀를 의심했다.

-괜찮아요. 관리 잘하셨어. 체중은 꾸준히 신경 쓰셔야 하고. 아셨죠?

-네.

서… 서… 설마 동정? 그건 아니겠지? 아, 진짜 망할 자격지심. 앞으로 나빠질 일만 남았다고 말한 재활의학과 주치의. 그 말은 저주였을까, 예언이었을까? 저주였다면 이루어졌고, 예언이었다면 적중했다. 나는 그 말을 들은 이후 쭉 나빠졌다.

절망의 늪에서 허우적대던 어느 날. 앞으로 쭉 나빠진다면 '오늘'이 최고의 순간이라는 걸 자각했다. 모든 순간이 반짝이며 소중해졌다. 정신 차리고 살아보기로 했다. 흐, 오래가진 않았다.

그 이후 압박붕대도, 압박 스타킹도 하지 않았다. 압박붕대와 압박 스타킹은 필수가 아닌 선택사항으로 조정되었다. 압박붕대는 손가락부터 겨드랑이까지 압박붕대를 감는 치료방법이다. 압박 스타킹은 토시처럼 생긴 스타킹을 팔목부터 겨드랑이까지 착용한다. 압박붕대는 잘 때, 압박 스타킹은 낮에 착용한다.

2년 전, 물리치료사에게 벌거숭이 오른팔을 맡기고 마사지 받는 게 뻘쭘해서 눈알 또르르 굴리다 괜히 질문한 적이 있다.

-림프부종은 어떻게 관리하나요?

-가장 좋은 건 사용하지 않는 거죠. 무거운 거 들지 말고. 상처 나지 않게 주의하고.

사용하면 안 되고, 상처 나면 안 되고, 감자 서너 알 정도 무게도 들지 말라. 그날부로 평생 내 수발을 들던 무수리 오른팔은 '공주님'으로 신분 상승했다. 채혈도, 혈압측정도 모두 왼팔이 수행했다. 수술하거나 입원할 땐 '이 아이는 절대 건드리면 안 됩니다' 알리는 노란 팔찌를 채우고 우대했다. 평생 노동이 뭔지 모르고 곱게 살던 왼팔에겐 날벼락이었다. 왼팔도 앓아누웠다. 아주 그냥 약해 빠져 가지고! 요 몇 달, 글 쓴다고 왼팔 오른팔 가리지 않고 혹사했다. 엥? 팔이 좀 부었나? 줄자 어딨지?

암 환우 된 후 타인의 시선에서 그럭저럭 벗어난 줄 알았다. 착각이었다. 앞으로 나빠질 일만 남았다고 겁주던 재활의학과 주치의에게 '잘했어요', '괜찮아요' 칭찬받고 싶었다. 건강을 위해 운동하는지, 칭찬 들으려고 운동하는지 구분하기 어려울 만큼 칭찬에 매달렸다. 주치의에게 칭찬받고 온 날은 오랜만에 방탕한 식생활을 즐겼다. 나에게 주는 선물이었다. 행복했다.

의지로 통제 가능한 진료가 재활의학과였다. 그 말을 뒤집으면 의지박약과 게으름을 단박에 잡아낼 수 있는 진료가 재활의학과였다.

곧 있을 재활의학과 진료를 앞두고 옷장 깊숙이 처박아둔 압박붕대와 압박 스타킹을 꺼냈다. 벼락치기 중이다. 체중은 어쩔? 코로나19에게 책임 전가? 재발 환우 딱지는 한번 써먹었으니 이번엔 어림없겠지? 일주일 빡세게 산에 다니며 급 다이어트? 효과는?

그 누가 알리오, 힝!

# 암과 싸우는 사람들

## -싸움의 대상은 암세포만이 아니었다

암 환우인 내가 싸워야 하는 건 '암세포'만이 아니었다. 몸이 암세포와 싸우며 치료에 전념하는 동안 영혼은 다른 상대와 질긴 싸움에 매달렸다. 암이라는 질병에 대한 세상의 삐딱한 시선과 엇나간 인식, 환우에 대한 편견과 고정관념.

주변에 암을 경험한 사람은 많았다. 아주 가깝게 엄마와 언니가 있고, 오래된 친구와 친구의 가족이 있었다. 한 다리 건너면 그 수는 기하급수적으로 늘어났다. 매년 암으로 죽어가는 사람이 적지 않다는 건 알았다. 가족이나 지인 중 암으로 세상을 떠난 사람은 없었다. 엄마도 두 번이나 재발했지만 30년 넘게 살아있고, 언니는 5년 생존율이 나오지 않는 암이었지만 두 번 재발하고도 10년 동안 살아있다. 엄마와 언니는 늘 웃었다. 힘듦을 내색하지 않았다.

그래서였을까? 암 환우가 되기 전까지 암이나 암 환우의 삶을 제대로 인식하지 못했다. 암과 살아내야 하는 삶이 어떤 건지 몰랐다. 가까이에서 본 엄마와 언니의 투병은 살면서 암은 한번은 겪고 지나가는 과정쯤으로 여기게 했다. 삶의 통과의례.

표준치료 마치고 2년 되었다고 좋아하던 즈음, 암이 재발했다. 누구나 통과하는 게 아니구나. 재발하자 그동안 보지 못했던 것들이 보였다. 엄마가 겪은 불면의 밤, 언니가 겪은 우울. 암이 감기라는 오만방자한 생각을 접었다. 암은 결코 감기가 아니었다. 암은 감기처럼 흔하지 않았고, 며칠 아프고 낫는 질병이 아니었다. 감히 암과 감기를 한 라인에 놓고 비교하다니!

암은 생존을 겨냥한 날 선 위협이자 경고장이었다. 그게 내가 경험한 암이었다.


내 감정의 기본은 우울이었다. 어떤 식으로든 삶을 멈추고 싶었다. 갖은 노력에도 멈출 수 없다고 절망하던 즈음 '암'을 만났다.

철없이 반색했다. 그 어리석은 반색이 몸과 영혼을 갉아먹는 공포로 바뀌는 건 오래 걸리지 않았다. 처음 보는 약물이 혈관을 타고 온몸 구석구석을 한바탕 춤추며 돌아다녔다. 처음 보는 의료장비가 몸을 샅샅이 훑었다. 통증과 고통, 두려움이 교차했지만, 세상과 멀어지자 어이없게도 마음엔 평화가 찾아왔다.

몇 개월 치료를 핑계 삼아 푹 쉬고 다시 건강해지면 된다고 생각했다. 제3자처럼 그 모든 과정을 무미건조하게 바라봤다.

항암치료도, 수술도, 방사선 치료도 걱정했던 것보다 수월했다. 재발이나 전이, 죽음이란 단어가 목구멍을 타고 올라왔지만, 거기 집착하면 현실이 될까 무서워 상관없는 척, 모르는 척했다.

3기 말이라도 치료받으면 돼. 머리카락은 다시 자랄 테고, 잘 먹고 잘 자고 운동하면 괜찮아질 거야. 질병에 대한 무지가 근거 없는 희망을 부추겼다. 왜 암을 두고 '투병'이라는 단어를 쓰고, 환우들은 전사가 되어 가는지 이해하지 못했다. 치료 잘 받고 돌아가리라 다짐했던 그곳, 건강하던 그 시절로 돌아가는 다리는 오래전 끊어졌다는 걸 뒤늦게 눈치챘다. 마음의 끈을 다시 조이고 안일한 생각을 고쳐먹었다.

암 환우로 새로운 삶을 살아야 해. 더는 외면하지 말고 그 사실을 받아들여야 해. 본격적인 싸움을 준비해야 한다고. 알아들어? 정신 차려야 한다고!


암이래.


언니는 악다구니 쓰며 통곡했다. 전화를 끊고 방 안에 혼자 앉아 있었다. 언니 울음소리가 귀에서 쟁쟁 울렸다. 그 소리 사이로 살고 싶어, 살고 싶어, 내 마음의 소리가 얽혀들었다.

엄마는 '전생에 지은 죄'와 '몹쓸 병', '더러운 병'을 들먹이며 자신을 탓했다. 참으로 일관된 주장이었다. 그 말이 암보다 더 아팠다. 암을 바라보는 세상의 인식을 엄마를 통해 처음 접했다. 엄마는 어디에도 모습을 드러내지 말라고 당부하고 또 당부했다.

혈액암이었던 언니는 머리카락이 다 자랄 때까지 미용실도 가지 않았다. 사람들에게 피해를 준다고 생각했다. 무슨 피해? 암이 전염병은 아니잖아?

이유도 모른 채 숨고 피했다. 죄의식에 시달렸다. 표준치료가 진행될 동안 사람들 시야에서 사라졌다. 살아있다는 소문만 무성한 실체. 그 시기의 나였다.

머리카락 빠지고 허옇게 부은 얼굴, 울퉁불퉁 새까만 손발톱. 거울 속 낯선 존재는 나였다. 아무리 봐도 적응이 안 됐다. 내가 봐도 흉했다. 이런 몰골로 사람을 만날 순 없어. 관계 안에서 고립을 자처했다. 처음엔 호기심으로 다가오던 사람도 시간이 지나면 나의 부재를 자연스럽게 받아들였다. 불 꺼진 어두운 방에서 우두커니 있는 시간이 길어졌다. 날 따라 움직이는 내 그림자가 유일한 친구이자 동료였다.

-내가 뭘 잘못해서 암에 걸린 게 아니야. 엄마가 지은 죄로 내가 벌 받는 게 아니라고. 우리 중 죄인은 아무도 없어.

그녀(엄마)는 끝내 인정하지 않았다. 억울한 누명을 쓴 죄수처럼 답답했지만 변호할 말주변도, 해명할 논리적 근거도 내겐 부족했다. 타인의 시선이라는 감옥에서 그만 벗어나고 싶었다.

진료실에서 만나는 의사도 실망스러웠다. 환우로서, 인간으로서 존중받길 원한 나는 병원문 앞에서 심호흡하며 약한 마음 한쪽은 문밖에 가만히 내려놓고 들어갔다. 존중과 배려? 찾기 어려웠다. 현실은 건조하고 삭막했다.

질병 치료는 인간 존엄을 바탕으로 삶의 질 높이는 거 아닌가? 질병 치료가 단순히 돈벌이 수단으로 전락해도 상관없나? 어차피 자본주의 세상, 우선 가치는 인간이 아닌 돈이니까 그래도 괜찮아? 환우의 인격과 질병을 동급으로 취급해도 되는 거야?

끝도 없이 질문이 쏟아졌다. 돌아오는 대답은 안타깝지만 어쩔 수 없다고 했다. 나아지고 있으니 그만 좀 보채라고 했다. 어떤 답도 명쾌한 해결책을 제시하지 못했다. 내 귀엔 그저 다 변명으로만 들렸다. 나는 방향이 틀렸다고 툴툴거렸다.

과정이 과도기라고 해서 감정까지 과도기는 아니었다. 감정은 논리나 이성의 영향력을 벗어난 절댓값이었다.


병원에서 나는 표본과 사례를 제공하는 개체인 동시에 병원의 경제적 수익을 창출하는 호구였다. 내가 경험한 의료환경 속에선 환우 개개인의 감정과 인격은 중요하지 않았다. 병원 안팎에서 묵살과 거부, 인격적 모욕은 아무렇지 않게 일어났다. 싸우기 싫었다. 변화를 기대할 수 없었다. 마음의 문을 걸어 잠그고 나를 지켰다. 인식 없는 물질 상태. 더는 그 무엇으로도 상처받고 싶지 않았다.

내 몸에서 암세포를 모두 사라지게 할 순 없다. 그건 불가능해 보였다. 목표는 제거가 아니라 공존이다. 암세포가 나를 완전히 무너뜨리지 않는 선에서 공존하는 것.

나는 오롯이 거기에만 집중하기로 했다.

관계

# 당신, 아프지 말아요

### -그녀가 주는 위로

-세상 좋아졌어. 요즘 항암은 항암도 아니야. 라떼는….

3년 전 내가 유방암이라고 했을 때 엄마는 이렇게 말했다. 수술 전날 두려움에 바르르 떨며 베갯잇이 다 젖도록 울 땐 그까짓 수술 잠깐 자고 일어나면 그만이라고 했다. 쓸모없는 가슴은 차라리 떼어내는 게 좋다는 말도 빼놓지 않았다. 뼈가 녹는다는 방사선 치료를 받을 땐 그런 건 치료 축에 끼지도 못한다고 했다. 퇴원하고 이틀 만에 병원 갈 땐 운동 삼아 대중교통을 이용하라고 했다. 약해빠졌다는 소리 듣기 싫어 피 주머니를 옷 속에 숨기고 지하철을 타고 병원에 갔다. 등에선 식은땀이 흘렀다. 그런 날 보며 흡족해하는 그녀. 나는 알고 있었다. 그녀는 내가 강해지길 바랐다. 낙담하지 않고 툭툭 털고 일어나길 바랐다. 알지만, 타인의 아픔과 통증을 바라보는 그녀의 시선과 위로 방식은 거슬리고 못마땅했다.

그녀도 나만큼 내 미래가 두려웠을까? 고통을 깎아내리고 축소하면 실제 고통의 세기와 크기가 작아진다고 믿었나? 그렇게 말하면 감각을 마비시키는 공포가 사라진다고 여겼을까?

아픈 후론 평소에 그냥 넘기던 사소한 증상에도 촉각을 곤두세웠다. 피부에 생긴 작은 트러블과 평소보다 오래가는 두통, 어쩐지 빨리 뛰는 심장 박동, 어제보다 더 저린 손발, 귀에서 들리는 소리에 신경은 끊어질 듯 팽팽했다. 이건 뭐지? 왜 어지럽지? 왜 어제랑 다르지? 중얼중얼 불안함을 뱉었다. 해결을 바라고 한 말은 아니었다. 병원에 가봐, 약 먹자, 다음 진료 때 물어보자, 병원 옮기자, 이런 말 들으려고 한 말이 아니었다.

마음을 통제할 수 없었다. 그럴 땐 그냥 한번 쓰다듬어주면 불안하던 마음이 가라앉았다. 큰 문제 일으키지 않고 가라앉는 증상처럼.

요즘 의학이 얼마나 발달했냐. 좋은 약도 많이 개발됐잖아.
씩씩하게 이겨내면 돼. 잘 버티고 있잖아.
담담히 받아들여서 다행이야.
병원에서 하라는 대로만 하면 돼.
치료 잘 받고 관리 잘하면 다시 건강해져.
뭘 이 정도 갖고 의기소침해하고 그래. 힘내!
상처 없고, 힘들지 않은 사람이 어딨어.

요즘 암은 병도 아니래. 힘든 건 금방 지나가.


　자기 멋대로 판단하고, 생면부지 타인과 비교하고, 없는 용기와 다짐을 부추기는 데 진저리가 났다. 틀에 박힌 격려는 지긋지긋했다. 상투적인 일회성 위로엔 핏대 세우며 반발했다.
　신경이 예민해질 대로 예민해진 나는 본능적 감각으로 상대의 진심을 읽으며 면피 목적의 형식적인 위로는 귀신같이 골라냈다. 같은 말도 사람에 따라 반응은 달라졌다. 나는 씩씩한 사람이 아니었다. 씩씩하고 싶지 않았다.


　이겨내지 않아도 되는 사람.
　버티지 않아도 되는 사람.
　담담하지 않아도 되는 사람.


　나는 평범하게 행복하고, 평범하게 화내고, 평범하게 슬프고, 평범하게 건강한 사람이 되고 싶었다.


　내가 수술한 병원은 퇴원하는 환우와 보호자를 위한 교육 프로그램이 있었다.
　-한바탕 위로가 끝나고 나면 집 안에 건강보조식품과 환우만 남겨질 거예요. 낯부끄럽더라도 '현금'을 요구해야 합니다.
　강사의 말에 다 함께 웃었다. 막상 퇴원하고 보니 아주 틀린 말이 아니었다.

누가 이걸 먹고 나았대. 이게 암세포를 죽인대.
요즘 이거만큼 핫한 게 없어. 너 주려고 어렵게 구했어.

IT 강국 국민다운 정보력에 민첩성을 장착한 가족과 지인들.
건강보조식품은 깊이를 알 수 없는 신세계였다. 듣도 보도 못
한 먹거리가 끝도 없이 튀어나왔다. 사람들은 입 다물고, 인상
쓰며 고개 젓는 내 황소고집에 혀를 내둘렀다. 발품 팔아 알아
낸 정보를 믿지 않고, 성의 무시한다고 섭섭해했다. 그들의 그
런 마음을 모르지 않았으나 건강보조식품과 남겨지는 건 끔찍
했다. 유난 떨며 거절하고 또 거절했다. 그 덕에 신선한 제철 채
소와 과일, 유기농 재료와 남겨졌다.

둘째 아이가 초등학생이 되었을 때 같은 학부모로 만난 사람
이 있다. 나이는 나보다 한참 어렸지만, 삶의 태도와 관계 맺는
방식이 어른스러워 배울 점이 많았다.
매일 아침 아이를 등교시키고 그녀와 집 근처 대학 운동장을
걷고 커피 마시며 하루를 시작했다. 그렇게 쌓인 시간은 이사
온 후에도 이따금 꺼내 보는 추억이 되었다. 비 오고, 눈 내리고,
바람 불고, 햇살 좋은 날이면 그녀와 걷고 마시던 커피가 그리
웠다.

아이를 통해 만난 학부모가 대부분인 인간관계는 이사 오면서 자연스럽게 끊어졌다. 아쉽지 않았다. 그런데 유독 그녀만 한결같이 내 안부를 챙겼다.

내가 암이라는 걸 알았을 때 그녀는 호들갑 떨지 않고 조용히 기도해줬다. 표준치료가 진행 중일 땐 컨디션 좋은 날 언제라도 불러달라는 문자를 자주 보냈다. 그 문자를 읽으면서 눈물을 훔쳤다. 그녀는 괜찮냐고 묻지 않았고, 서툴게 위로하지 않았다. 다른 환우 사례 들먹이며 아는 체하지도 않았다. 이따금 찾아와서 어제 만난 사람처럼 걷고 얘기 나누다 돌아갔다.

언젠가 혼자 지하철을 타고 병원 가는 길에 그녀의 전화를 받았다. 혼자라는 내 말을 듣고 그녀가 곧장 병원으로 달려왔다. 그날, 긴 대기시간이 그녀 덕에 지루하지 않았다. 그녀는 만날 때마다 직접 만든 된장, 손뜨개질한 모자, 집에서 로스팅한 커피, 손수 만든 마스크 줄, 항암에 효과 좋다는 보이차를 건네줬다. 나는 염치 없이 받기만 했다.

어느 날, '나무 수업' 강의가 듣고 싶다고 그녀에게 말했다.

-그래요, 언니? 같이 들어요.

그녀는 먼 길 마다않고 달려와 강의 듣고, 커피 마시며, 오래전 그때처럼 함께해줬다.

-독서 모임 함께할래요?

-그래요, 언니.

그녀와 나는 봄엔 벚꽃 흐드러진 산책로를 걷고, 가을엔 단풍 물든 숲을 걸으며 어제 만난 사람처럼 일상을 나누고, 계절을 함께 보내며 순간의 감정을 공유했다.

그녀는 내 고통이나 통증을 무시하거나 깎아내리지 않았다. 억지 희망을 손에 들려주지 않았다. 그 어떤 해결책도 제시하지 않았다. 그럼에도 나는 그녀로부터 위로를 받았다. 그녀를 만나고 오면 봄바람 일 듯 마음이 말랑거렸다.

나는 그녀로부터 아픔을 존중받고, 그 아픔이 그녀가 보는 나의 전부가 아니라는 사실에 안도했다. 위로의 정석? 그런 건 없다. 동감의 눈빛, 작은 이모티콘 하나, 뻔한 안부, 그런 것만으로도 마음은 충분히 전해진다. 그 마음이 진심이라면!

그녀가 지난 몇 년 동안 나에게 보여준 것들은 누구나 할 수 있지만, 아무나 할 수 없는 것들이었다. 나는 그녀로부터 진심 어린 위로를 받았고, 진정한 위로란 어떤 것인지 배웠다.


당신, 아프지 말아요. 나는 당신이 내게 해준 것처럼 해줄 자신 없어요. 그러니 아프지 말아요.

# 걷다 보면 길이 보일 거야

-열일곱 너와 함께

-나도 가을 보고 싶어.

아이의 중간고사가 끝났다. 채점을 끝낸 아이는 두 눈이 퉁퉁 붓도록 울었다. 급기야 얼음주머니를 가져다 눈물이 하염없이 흐르는 두 눈 위에 올렸다. 모른 체했다. 열일곱 살. 고등학교 1학년 2학기 중간고사 별거 아니라고 말하려 했지만, 세상 끝난 듯 우는 아이에게 무슨 도움이 될까 싶었다.

실컷 울고 나면 괜찮아지겠지. 카톡. 날 따라 내일은 산에 가고 싶단다. 그래. 내가 해줄 수 있는 일이라 다행이다. 코로나19로 세상이 멈춘 지난봄. 날 따라 매일 산에 다닌 고마운 아이. 이번엔 내가 고마움에 답할 차례다.

다음날 아이가 좋아하는 김밥과 귤 두 알을 챙겨 집을 나섰다.

-저기 저 앞에 벚나무, 알지?

-그럼, 내가 저 아래서 봄에 사진 찍었잖아.

-여기, 때죽나무.

-아, 이제 꼬투리만 남았네.

-저기 봐, 귀룽나무 나뭇잎이 거의 다 떨어졌다.

-정말….

나무 보느라 신나서 시험 얘기는 하지 않았다. 바닥에 떨어진 빨간 열매가 보였다. 그게 팥배나무 열매라는 걸 알기까지 꼬박 2년 걸렸다.

아이가 그렇게 오래 걸린 이유를 물었다.

-엄마가 항암 앞두고 체력 키운다고 산에 다녔잖아. 그때가 가을이었어. 빨간 열매가 바닥에 떨어져 있었는데, 너무 이쁜 거야. 어느 나무에서 떨어졌는지, 나무 이름이 뭔지 궁금했는데 물어볼 데가 있어야지. 봄 되면 '꽃검색'으로 검색해 봐야지 했지. 그다음 봄엔 항암 끝나고 수술하고 방사선 치료받느라 봄, 여름이 그냥 지나갔잖아. 몸이 좀 회복되고 가을에 다시 산에 갔는데 그 열매를 또 본 거야. 이름도 모른 채 오며 가며 열매 주워 집에 가져왔었어. 다음해 봄. 숲에서 하얀 꽃을 봤는데 너무 이쁜 거야. 그 나무가 팥배나무였어. 그때도 그 빨간 열매가 팥배나무 열매라는 건 몰랐어. 꽃이 지고, 초록 열매가 열리고, 그 열매가 빨갛게 익어가는 가을이 돼서야 알았어. 그때 엄마가 얼마나 기뻤는지 상상이 돼? 나무를 잘 아는 사람하고 오면 몇 초면 알 수 있었을 거야. 그랬다면 그렇게 기쁘지도 않았고, 그

열매를 기억하지도 않았겠지. 그 나무가 나에게 특별하지 않았을 테니까. 아주 가끔, 오래 기다린 만큼 특별해지는 것들이 있는 것 같아.

아이는 잠자코 듣기만 했다. 무지하고 미련한 엄마를 그때 아이는 어떻게 받아들였을까?

단풍 든 숲을 걸으며 기분이 좋아졌는지 아이는 공부를 어떻게 해야 할지 모르겠다며 조심스럽게 말을 꺼냈다. 우리는 벤치에 앉았다. 나는 처음 산에 다니던 때를 떠올렸다.

-너랑 내가 처음 산에 올 때 기억나? 가끔 늘 다니던 익숙한 길 말고 처음 보는 길로 갔었잖아. 그때 우린 우리가 어디로 가고 있는지 몰랐잖아. 이 길이 맞는지, 이 길이 어디서 끝나는지, 아무것도 모른 채 걷기만 했잖아. 기억나? 그 길에서 우리가 귀룽나무 만나고, 일본목련나무 발견하고, 때죽나무 봤잖아. 엄마 혼자 산에 있을 때 니가 종종 어디냐고 물으면 엄마가 "귀룽나무 지나고 있어.", "이제 막 일본목련나무 지났어.", "잣나무 숲에 앉아 있어." 하고 말했지. 그러면 넌 집에서도 거기가 어딘지 다 알고 있었잖아. 엄마는 그럴 때마다 너랑 함께 걷는 느낌이었어. 사는 게 그런 거 같아. 걷고 있을 땐 잘 모르지만, 지나고 보면 내가 걸어온 길이 보이더라고. 공부도 그러지 않을까? 지금 하는 방법이 맞는지 혹은 틀린 건지 당장 알 방법은 없어. 그건 한참 뒤에 알게 되는 거 같아. 중요한 건 방향이야. 길을 잃고 헤매도 너무 두려워하지 마. 길은 잃을 수도 있고, 잘못 들어

설 수도 있어. 조급하고 불안한 마음을 조금만 내려놔.

말해놓고 보니 내가 이런 말 할 자격이 있나 싶었다. 정작 조급하고 불안한 건 나였다. 니 곁에 엄마가 있어 줄게. 말하고 싶은 걸 꾹 참았다. 그런 하찮은 약속도 지켜줄 자신이 없었다.

아이는 시도 때도 없이 "엄마랑 얘기하고 싶어.", "엄마랑 안고 싶어.", "엄마가 머리 쓰담쓰담해 주면 좋겠어."라며 응석을 부렸다. 그럴 때마다 나는 아이 곁에 얼마나 오래 머물 수 있을까 조급하고 불안했다. 그런 나를 꽉 움켜쥐는 아이.

-지금은 아니야. 나는 아직 엄마가 더 필요해. 내년이라면 혹시 모르겠어….

이 아이가 이제 됐다며, 내 곁을 떠날 때까지 살고 싶다. 가을숲 함께 걸으면서, 아이 어깨 토닥여주면서, 매일 아침 잠든 아이 발을 만져주면서….

가을숲 핑계로 위로받고 싶었던 아이. 그 아이와 가을 햇살 아래 걸을 수 있어서 좋았다. 그럼 됐다. 지금 걷고 있는 이 길이 맞는지 그 누가 알겠는가. 그건 길이 끝나봐야 알 수 있다.

지금 가는 이 방향…, 맞지?

그랬으면 좋겠다.

# 그녀와 함께한 2년

## -나의 임상 연구간호사

2018년 3월 26일 항암치료가 끝났다. 마지막 종양내과 진료
가 있던 날 의사는 수술 잘하고 방사선 치료 후에 보자고 했다.
그동안 감사했다고 인사하고 진료실 문을 나섰다. 항암치료 다
끝났는데 왜 다시 보자는 걸까? 의아했지만, 묻지 않았다. 이미
진료실을 나온 후였다.

수술 끝나고 서른다섯 번 방사선 치료도 끝났다. 다시 종양내
과 의사를 만났다. 임상시험을 권했다. 평소 우유부단해서 결정
을 망설이는 게 내 주특기였는데, 그 자리에서 바로 수락했다.
주치의에 대한 단단한 신뢰가 있었다.

진료실 안에서는 크고 작은 결정이 단 몇 초 안에 이루어졌
다. 고민? 그런 건 진료실 안에서 하는 게 아니다.

자세한 설명은 임상시험 연구간호사에게 들었다. 수술 후 보
조 호르몬 요법 관련 임상연구였다. '아베마시클립 임상시험 3

상'으로 기억한다. 그 약은 재발하던 무렵 '버제니오'라는 이름으로 출시되었다.

진료실에서 나와 복도 건너편 작은 상담실에서 그녀를 처음 만났다. 작은 책상 하나와 의자 두 개만으로 꽉 차는 방이었다. 책상 위엔 필기도구와 포스트잇으로 빼곡한 그녀의 수첩과 내가 서명할 서류들이 놓여 있었다. 그녀가 내미는 종이에 일일이 서명했다. 그녀는 임상시험 내용과 일정을 설명했다. 기억나는 건 별로 없다.

나는 위약군이라 임상 시험약은 복용하지 않았다. 위약군으로 결정되고 망설이는 나를 그녀가 설득했다. 처음 보는 그녀 말에 동의하고 임상시험에 참여했다. 위약군이라 특별할 건 없었다. 일정 간격으로 진료 전에 채혈하면 그뿐이었다. 피 몇 방울과 내 정보를 제공하는 대가로 체계적인 관리를 받는 느낌이랄까. 제공한 피 값으로 매번 5만 원이 통장으로 입금되었다. 그 돈은 맛난 걸 사 먹으며 나에게 투자했다.

2020년 5월까지 짧게는 2주에 한 번, 길게는 3개월에 한 번 종양내과 진료가 있을 때마다 그녀와 만났다. 전이와 재발 즉시 임상시험은 자동 종료됐다.

2020년 5월 15일, 2년 동안 별 탈 없었다며 그녀가 누구보다 기뻐했다. 진료 간격이 6개월로 조정되었다. 6개월 후의 진료와 검사를 그녀가 예약해줬다.

2019년 11월, 재발을 의심하며 초음파 검사를 진행하자는 얘기가 나왔다. 12월에 한 번, 2020년 1월에 한 번 그리고 4월에 초음파 검사를 진행했다. 세침검사를 전제로 한 검사였지만, 특별한 이상이 발견되지 않아 세침검사 비용을 매번 환불받았다.

5월 28일, 수술을 담당한 외과 의사가 재발을 확신했다. 이상 소견 있는 부위 두 군데를 동그랗게 표시해서 응급으로 초음파 검사를 진행했다. 결과는 재발이었다.

그 몇 개월 동안 얼마나 두려움에 떨었는지 모른다. 그럴 때마다 그녀는 괜찮다는 검사 결과를 전화로 알려줬다. 걱정하고 계실까 봐 빨리 알려드리려고 전화한다고 했다. 재발 결과도 6월 19일 종양내과 진료일 전에 그녀를 통해 들었다. 그날, 두려움에 심장이 빠르게 뛰었지만, 애써 침착한 척했다. 그녀의 안타까운 마음이 떨리는 목소리를 통해 전해졌다. 전화를 끊고, 이제 내 삶은, 앞으로 치료는 어떻게 되는 걸까, 긴 한숨을 내쉬었다. 저 멀리 떠났던 막막함이 밀물처럼 몰려왔다.


폐경 환우에게만 보험이 적용되는 경구용 항암제 입랜스. 그걸 복용하기 위해 폐경 수치를 검사했다. 야속하게도 폐경이 아니었다. 그 말은 난소 난관 절제 수술을 받아야 경구용 항암제를 복용할 수 있다는 뜻이다. 유방 수술 후 진행한 검사에선 폐경이라더니, 그 후 2년 가까이 생리가 멈췄는데 폐경이 아니란다. 하! 인체의 신비는 정말 끝이 없었다.

평화롭던 일상이 급박하게 돌아갔다. 가장 빠른 산부인과 진료를 예약했고, 가장 빠른 수술 날짜를 예약했다.

수술을 마치고 퇴원한 며칠 후 그녀가 전화했다.

-○○○님. 연구간호사 ○○○입니다. 컨디션은 좀 어떠세요?

그녀와 전화 인터뷰는 늘 그렇게 시작했다. 컨디션을 물었고, 잘 먹고 꾸준히 운동하고 있는지 체크하고, 궁금한 사항과 특별한 증상 없으면 다음 일정을 확인하고 짧게 끝났다.

그날도 통상적이고 뻔한 통화였다.

-네, 수술 잘 끝나고 회복하는 중이에요….

마른 내 목소리가 전해지자 전화기 너머 그녀의 숨이 멈췄다. "힘드셨겠어요."라고 위로하는 그녀 목소리가 가늘게 떨렸다. 일정을 체크하고 통화가 끝나갈 때쯤 그녀 목소리는 울먹임에 무슨 말인지 알아들을 수 없을 정도로 뭉개졌다.

전화를 끊자마자 참았던 울음이 터졌다. 재발해서 슬픈 게 아니었다. 수술 때문에 힘들었던 것도 아니었다. 임상시험이 종료돼서 서운했던 것도 아니었다. 2년 동안 내 건강을 묻고, 챙기던 그녀 마음이 가슴에 와닿는 순간 코끝이 싸해지며 눈물이 났다. 그냥 그랬다.

사무적인 그 통화가 왜 그녀를 울먹이게 했을까? 그녀는 나에게 어떤 대답을 기대했을까? 애써 담담한 내 목소리 뒤에 감춰진 슬픔을 읽었을까? 괜찮다는 거짓말을 눈치챘을까? 모르겠다. 2년 동안 우리는 사무적으로 만났다. 서로에게 여지를 주는 말은 피했다. 개인적으로 다가가는 건 그녀에겐 부담일 수 있겠다 싶어 나도 조심했다. 꼭 필요한 질문 아니면 하지 않았다.

재발을 염두엔 둔 초음파 검사가 진행 중일 때였다. 초음파 검사 선생님으로부터 그녀가 전화해서 특별히 검사를 부탁했다는 얘길 전해 들었지만, 그게 나만을 위한 특별한 배려라고 생각하지 않았다. 임상시험 대상자를 관리하는 게 그녀 업무였다. 그래도 고마웠다.

그녀와 만나는 마지막 진료를 앞두고 고민에 빠졌다. 고마움을 표시할 작은 선물을 주고 싶었다. 부담을 느끼지 않을까 염려돼서 망설였다. 결국, 선물은 준비하지 않았다. 내 마음을 그녀는 이미 알고 있을 것 같았다. 내가 그녀로부터 선물 같은 마음을 받은 것처럼.

-○○○ 씨, 걱정했는데, 표정이 밝으셔서 다행이에요

그녀를 똑바로 바라보지 못하고 그냥 웃었다. 고맙다는 말도 하지 못했다. 손 한번 잡아주지도 못했다. 무슨 말이라도 하면 금방 눈물이 쏟아질 것 같았다. 그다음 종양내과 진료가 있던 날. 전화 한 통이면 해결될 용건 때문에 그녀가 진료실 앞까지 찾아왔다. 그때도 나는 별말 없이 서둘러 그 자리를 떠났다.


그동안 고마웠어요. 내년에도, 그다음 해에도 병원 어디서든 당신을 우연히 만나길 바랄게요. 나의 임상 연구간호사 선생님.

# 아무한테도 말하지 마!

## ─아픔을 대하는 태도

─와봐. 컴퓨터가 이상해. 자꾸 영어만 나와.

올해 여든인 그녀, 나를 낳아준 엄마.

한글 읽을 줄 알면 물리 이론도 이해한다? 아니, 읽는 것과 이해는 다르다. 그 둘은 별개다. 영어도 그렇다. 알파벳 안다고 영문을 해석하면 얼마나 좋을까. 대학 나왔다고 컴퓨터가 쉴 새 없이 쏟아내는 영어를 다 이해하면 오죽이나 좋겠냔 말이다. 그럴 능력 있는데, 이러고 살까. 하아.

컴퓨터 앞에서는 오십인 나나 여든인 그녀나 도긴개긴이다. 까막눈인 건 피차일반이다. 내가 쪼끔 나을까? 그냥 그렇다 치자.

어쩔 건가. 바쁜 일 없는 거 뻔히 아는데, 가서 보는 척이라도 해야지. 성의는 보여야 할 거 아냐, 쩝. 무거운 몸을 일으켜 그녀 집으로 향한다.

거실 한쪽에 자리한 컴퓨터 책상 앞으로 가서 전원 스위치를 누르고 의자에 앉았다. 모니터 화면이 켜질 듯 켜지지 않는다. 눈에 익은 알파벳으로 만든 문장이 뭔 말인지 읽어볼 새도 없이 좌르륵 숨넘어가게 올라가고 잠시 후, '요건 몰랐지?' 약 올리듯 까만 화면 들이밀더니 조용해졌다.

소파에 앉아 내 일거수일투족을 감시하던 그녀가 슬슬 시동을 건다. 사돈의 팔촌, 옆집 며느리, 윗집 아들, 아래층 사위들이 조용한 거실로 줄줄이 소환된다. 하나같이 착하고 어질고 능력 출중한 그들이 부모 봉양한 감동 실화가 까만 모니터 화면만 멀뚱히 보고 있는 내 뒤통수에 비수처럼 날아와 꽂힌다. 그들은 어쩜 그렇게 잘났단 말인가. 효녀 심청이도 울고 갈 만큼 어쩜 그리 효성이 지극하단 말인가. 경이롭지 않을 수 없다.

-대학 나왔는데 이것도 몰라? 설마 대학까지 나왔는데 모를까. 나보다야 낫겠지. 요즘 젊은 사람들은 이 정돈 다 안다는데? 못해? 진짜 못하겠어? 아니, 지난번엔 아래층 사위가 어쩌고저쩌고, 옆집 며느리가 어쩌고저쩌고….

하, 그녀가 진리라고 믿는 일반화에 주눅 들어 쓸데라곤 없는 나의 고학력과 눈곱만큼도 없는 효심을 반성한다.

나는 요즘 밖에 나가면 발에 차인다는 '박사' 나부랭이도 아니다. 중졸인 그녀보다 약간 고학력일 뿐, 누구 하나 거들떠보지 않는 시시한 대졸자다.

핸드폰을 켜고 검색창 열어 '도대체 이 컴퓨터는 왜 이러는 걸까요' 검색해 본다. 분명 영어도 아니고 한글인데 당최 뭔 소린지. 아무것도 안 하고 있긴 머쓱하니 슬슬 일어나 고학력 티를 좀 내본다. 괜히 본체 뒤에 연결된 뽀얗게 먼지 쌓인 코드를 빼볼까 어쩔까, 손을 이리저리 바쁘게 움직여본다.

대충 그렇게 시간을 축내면서 한풀이 같은 수다 좀 들어주고 심각한 표정으로 고개 저으며 모르겠다고 하면 그녀도 더는 뭐라 하지 않는다. 그다음? 비록 고치진 못했지만, 출장(?) 노동의 대가로 그녀가 건네는 야쿠르트를 홀짝홀짝 마시고 집으로 돌아온다. 이런 일이 일주일이면 두어 차례 반복된다. 그녀와 나의 익숙한 일상 풍경이다.

컴퓨터는? 며칠 후 친정 오빠가 본체를 갖고 갔다 멀쩡한 상태로 돌려보냈다고 한다. '아이 한 명 키우는 데 온 마을이 필요하다'는 인디언 속담이 있다. 나는 요즘 생각한다. '노인 한 명 돌보는 데 온 마을이 필요하다'고! 서로서로 짐을 나누자구욧!


아무한테도 말하지 마. 나도 그랬어.


내가 암이라고 했을 때 외마디 비명을 지르며 놀란 그녀는 서둘러 전화를 끊었다. 이내 평정심을 되찾은 그녀가 다시 전화해 별일 아니라며 나를 다독였다. 나는 그때 그녀가 다독인 게 '나'인지 '그녀' 자신인지 가끔 헷갈렸다.

그녀는 몇십 년 전과 비교하면 눈부시게 발전한 의학이 날 살려낼 거라고 장담했다. '죽고 싶어도 호락호락 죽게 놔두지 않는', '어떻게든 살려내서 숨은 붙어 있게 하는' 게 그녀가 신봉하는 현대의학이었다.

나는 속으로 물었다. 목숨만 겨우 붙어 있어도 살아야 하는 거겠지? 그것도 삶이겠지?

말은 그렇게 하며 의연한 척했지만, 그녀는 아픈 막내딸 생각에 내장이 녹아내렸다. 그 고통에 가슴 미어져 우느라 밤잠을 설쳤다. 그렇게 신임하는 의료진에게 막내딸을 맡겨놓고 밤마다 두려움에 방안을 서성거렸다. 뭐라도 먹고 기운 차려야 한다며 관절도 안 좋은 몸으로 이것저것 만들어 보냈다. 무슨 수를 써서라도 너만은 살려내리라 응어리진 마음을 풀어놓으며 다짐하는 그녀. 항암치료로 까맣게 변한 막내딸 발톱을 쓰다듬으며 뚝뚝 떨어지는 굵은 눈물을 주름 자글자글한 손등으로 훔쳐내는 그녀.

당신이 지은 죄로 몹쓸 병에 걸렸다며 가슴을 내리쳤다. 그런 게 아니라고 아무리 설명해도 귀 닫고 듣지 않는 그녀. 엄마의 지은 죄로 벌 받는 딸. 언젠가 읽은 적 있는 동화 속 서사와 닮았다. 저주를 받은 자와 저주를 푸는 자. 나는 저주를 받은 자일까, 푸는 자일까.

그런 그녀가 정작 다른 사람 앞에선 아픈 나를 숨겼다. 절대 아무에게도 아픈 사실을 말하지 말라고 신신당부했다. 흠, 내가 이순신 장군은 아니잖아. 나의 아픔을 사람들에게 알리지 말라.

뭐 그렇게까지 숨길 필요가 있나? 정작 사람들은 눈곱만큼도 나한테 관심 없었다.

이따금 친구나 지인이 보내준 음식 나눠 먹자고 가져가면, 사람들이 너 아픈 걸 어떻게 알고 이런 걸 보내주냐고 다그쳤다. 더러운 병 알려서 뭐 할 거냐고 꾸짖었다. 숨길 이유 없어 숨기지 않았고, 뭘 어쩔 의도로 그런 게 아니니 대답하지 않았다.


-엄마네 컴퓨터가 또 말썽이래. 가서 좀 봐줘.

어느 날 일찍 퇴근한 그를 앞장세워 그녀 집에 갔다. 소파에 앉아 텔레비전을 보고 있던 그녀가 막내딸 내외의 깜짝 방문에 반가워했다.

날 소파에 앉힌 그녀는 마치 기다리고 있었다는 듯 보고 있던 텔레비전 프로그램을 손가락으로 가리키며 얘기했다. 참, 그녀 삶에 있어서 'TV'는 신흥종교라고 보면 된다. '믿쓥니돠~' 그 자체였다. 그녀가 믿는 모든 진리는 'TV'에서 나왔다. 10년 넘게 TV 없이 사는 나한테 걸핏하면 전화해서 지금 당장 '7번'을 봐라, '9번'을 틀라고 종용하고 전도했다. 나는 이런 일이 마치 처음인 듯, 아무렇지 않게 'TV 없다' 대꾸했다 '아니, 요즘 세상에 TV 없는 사람도 있어?' 매번 같은 핀잔을 들으며 전화를 끊었다. 요즘 세상엔 TV 대신 유튜브 본다고!

-와서, 저것 좀 봐. 너무 재밌어. 지금 드라마 할 시간인데, 그거 안 보고 이거 보고 있는 거야. 아유, 얼마나 말을 잘하는지,

너도 들어봐.

TV에선 정신과 의사 정혜신 박사가 한창 강연 중이었다. 성폭행당한 사실을 고백한 딸에게 '아무한테도 말하지 말라'고 한 엄마 이야기를 하고 있었다. 정혜신 박사는 그 '엄마'가 말하는 방식의 문제점을 지적했다. 나도 모르게 그녀를 슬쩍 돌아봤다. '진리'만 토해내는 '텔레비전' 화면을 뚫어지게 바라보던 그녀 시선이 방바닥을 향했다. 좀 전보다 한풀 꺾인 목소리로 혼잣말 하는 그녀.

-아니, 그럼 뭐라고 해. 누구라도 그렇게 말하지. 그걸 뭐 좋은 거라고. 안 그래? 아무한테도 말하지 말라고 하는 게 맞지. 그런데, 그러면 안 된다네. 그럴 수가 있나? 사람이면 누구나 다 저렇게 말하지.


아무한테도 말하지 마.


그 말이 상처가 되었다. 말하지 말라고 해서 하지 않았다. 숨어 있으라고 해서 숨 한번 크게 쉬지 못했다. 아는 척 말라고 해서 사람들 앞에서 '엄마'라고 부르지 않았다. 꽃노래도 한두 번이라고, 컨디션 별로였던 날 작정하고 왜 그러냐고 물었다. '더럽다', '몹쓸 병', '전생에 지은 죄….' 내가 듣고 싶은 건 뻔하고 지겨운 그런 레퍼토리가 아니라 그녀의 진심이었다. 그녀 자신조차 인지하지 못한 무의식 속 그녀 진심.

그렇게 지지고 볶으면서 3년을 보냈다. 원망도 해보고, 울어도 보고, 물어도 봤다. 늘 처음 그 지점으로 되돌아가는 대화였고, 관계였다. 나중엔 그녀가 숨기고 싶은 게 질병인지, 그녀 삶에 오점을 남기는 내 존재인지 헷갈렸다. 그녀라고 명확하게 알까. 지금 그녀가 그토록 두려워하는 게 막내딸의 죽음인지 자기 자신의 체면인지 말이다.

그녀 나이 여든이다. 그녀 삶을 되짚어보면 체면이 목숨보다 중요했다. 시절이 그랬고, 자란 환경이 그랬고, 살아온 과정이 그랬다. 이해하고 싶었지만, 마음처럼 되지 않았다.

그녀가 그렇게 말할 때마다 존재 자체를 거부당하는 느낌이라 불쾌하고 서운했다. 그런들 내가 할 수 있는 게 뭐가 있겠는가? 피하거나, 사랑하거나, 무시하거나, 용서하거나! 그중 하나로 의견을 표명할 거 아니면 지금처럼 욕하면서 닮아가는 수밖에!

이 여사님. 정혜신 박사님 말씀 잘 들으셨죠? 그렇게 말하면 상처가 된다는군요. 그래도 뭐 어쩌겠어요? 하고 싶은 말은 하고, 듣기 싫은 말은 뱉어내야죠. 지금처럼 10년, 아니 20년 사이 좋게 지지고 볶으면서 잘 살아보자구요. 사랑합니다!

# 괜찮냐고 그만 좀 물어봐
-괜찮지 않다고 말할 용기

-괜찮아?

사람들은 나만 보면 물었다. 암 진단받았을 때, 항암치료 중에, 수술할 때, 방사선 치료할 때, 재발했을 때, 다시 수술을 앞두고 있을 때 그리고 아무 일도 일어나지 않은 평온한 날에도.

사람들은 괜찮은 사람에겐 괜찮냐고 묻지 않는다. 사람들은 내가 괜찮지 않은 줄 뻔히 알면서 끊임없이 괜찮냐고 물었다. 나는 괜찮지 않았지만, 괜찮다고 대답했다.

그런 내게 사람들은 말했다.

- 정말 괜찮아 보여.

- 괜찮아서 다행이야.

- 곧 괜찮아질 거야.

괜찮아지길 바라는 마음에서 하는 말이었다. 그렇게 말해줘서 고마웠다. 나는 괜찮지 않았고, 앞으로도 괜찮지 않을 걸 알았지만, 사람들이 실망할까 봐 웃으며 괜찮다고 말했다.

거짓말을 싫어했다. 괜찮냐고 물으면 괜찮을 때보다 괜찮지 않을 때가 더 많았지만, 괜찮다고 거짓말했다. 딱히 대답을 바라고 하는 질문이 아니란 걸 알았다. 매번 일관되게 거짓말하면서 거짓말이라고 생각하지 않은 이유다. 내 기준으로 분류하자면 '괜찮아요?' 하는 질문은 '안녕하세요?' 정도였다. 대답을 원하는 질문이 아니었다. 본의 아니게 거짓으로 대답해 놓고 거짓말인 줄 인지하지 못하는 질문이었다.


안녕하세요?

독창적이고 기발한 대답을 기대하고 혹은 정말 '안녕'한지 궁금해서 묻는 사람은 드물다. 안녕한지 물어놓고 '안녕하지 않다'고 대답하면 오히려 당황했다. '괜찮아?' 하는 질문도 그랬다. '괜찮지 않다'고 대답하면 그다음 말을 찾지 못해 허둥거리는 질문자와 그런 질문자를 바라보는 답변자가 동시에 머쓱해졌다. 그래도 관심을 보이며 물어보는 게 어딘가. 보통은 질문을 생략하거나 관심조차 없다.

'괜찮냐'는 질문에 '괜찮지 않다'고 대답하면 왜 괜찮지 않은지 설명해야 하는 게 대화의 순서였지만, 대답을 듣길 원하는 사람은 없었다. 대답을 바라고 하는 질문이 아니었으니 어찌 보면 당연했다. 요즘 사람들은 시시콜콜 남 얘기나 듣고 있을 만큼 한가하지 않다. 경청은 관심과 훈련, 숭고한 이타심과 인내

심이 있어야 하는데, 다들 자기 말 쏟아내기 바빠 남의 말에 귀 기울일 여력이 없었다.

대개의 우리는 경청자보다는 관종에 가까웠다. 나도 그랬다. 자구책으로 아무도 귀 기울여 듣지 않는 말 쏟아내고 싶어서 '블로그'에 방을 만들고 본격적으로 글로 떠들었다. 그래도 성에 차지 않았다. '브런치'에 방 하나를 더 만들고, 내가 한 말에 내가 걸려 넘어지면서 걸쭉한 말을 토해냈다. 아무도 읽지 않았으면 하는 마음으로, 누군가 읽었으면 하는 마음으로…. 어쩌나 말이 넘치는지 조사 하나 수정하려다 처음 의도와 전혀 다른 글이 되는 일도 왕왕 있었다.

어느 날, 누가 강요한 적도 없는데 번번이 '괜찮다'는 희망 섞인 문장으로 글을 끝내고 있음을 알게 되었다. 마지막 문장은 반성 아니면 새로운 결심, 깨달음 아니면 교훈이었다. 뻔한 권선징악과 '그 후로 오래오래 행복한' 커플을 너무 오래 봐온 부작용은 아니었을까. 당연히 그 문장은 거짓이 아닌 글 쓰던 순간의 진심이었다. 왜 자꾸 그런 식으로 글을 끝내지? 문득 그 '순간의 진심'이 의심스러웠다.


괜찮아?

습관적으로 묻고 답하며 살았다. 모범답안은 '괜찮다'였다. 나고 자란 사회문화적 환경은 감정과 사유마저 조종했다. 나는 분명 괜찮지 않은데, 괜찮다고 착각했다. 아니, 괜찮아야 한다고 압박했다. 그 오랜 습관이 날 지배했다. 괜찮지 않아도 괜찮다고 판단했다. 괜찮지 않은 상황 속에서도 괜찮은 것들을 억지로 찾아서 감정을 조작했다. 글이 긍정의 옷을 뒤집어쓴 채 끝나는 까닭이었다.

세상은 아픔과 슬픔, 고통과 우울, 좌절과 상실을 부정하며 용납하지 않았다. 아플 권리, 슬플 권리, 고통스러울 권리, 우울할 권리, 좌절할 권리, 상실할 권리를 허락하지 않았다. '괜찮지 않은' 불편한 진실보다 '괜찮다'는 달콤한 거짓을 원했다. '그럼에도 불구하고' 괜찮아야 한다고, 희망을 가져야 한다고 '긍정'을, '괜찮음'을 강요했다. '괜찮지 않음'을 내가, 질문자가, 사회가, 세상이 외면하고 불편해했다. 우리는 어떤 상황 속에서도 항상 '괜찮아'야 했다.

심약하고 우유부단한 팔랑귀 회의론자가 살기에 세상은 살벌하고 기이하고 단호하고 뻔하고 괴팍했다. '괜찮음'을 강요하는 세상에서 전혀 괜찮지 않은 몸과 마음으로 살아가느라 나는 늘 괜찮지 않았다. 그러니, 괜찮냐고 그만 좀 물어보시라고 정중히 요청한다.

당신들이 괜찮냐고 더는 묻지 않는 날, 나는 비로소 괜찮을 예정이다.


나는 갖가지 건강 상태 사이를 왔다 갔다 했고, 지금도 그것을 계속하고 있다. 병 없는 인생은 생각할 수조차 없다고 말할 수

있다. 지독한 고통을 극복했을 때야말로 정신은 궁극적으로 해방된다.(니체)

　　　-올리버 색스의《아내를 모자로 착각한 남자》중에서 재인용

# 나도 어쩔 수 없는 어미였다

-거위벌레 요람

-죽어?

한창 항암치료가 진행 중일 때 첫째 아이 수능이 끝났다. 더는 숨길 수 없어 미리 써놓은 편지를 아이들에게 줬다. 엄마가 암을 진단받았고, 오래 치료받을 예정이지만 잘 이겨내겠다는 다짐 같은 걸 썼다.

울면서, 아이들이 최대한 놀라지 않게 적당한 단어를 고르느라 완성하기까지 며칠 걸렸다. 편지를 읽은 아이들은 방에서 꼼짝도 하지 않았다. 태풍의 눈에 갇힌 듯 무거운 적막과 공포가 집 안 공기를 지그시 눌렀다. 당장이라도 달려와 엉엉 울며 안길 줄 알았는데, 아이들 반응은 의외로 담담했다.

'암이라는 질병의 심각성을 모르나?'

나중에 들어보니 훨씬 이전부터 이미 모든 걸 알고 있었다고 했다. 그런데도 내색하지 않았다는 사실에 또 가슴이 아팠다.

편지를 읽고 차마 달려오지도 못하고 조심스럽게 죽냐고 묻는 열네 살 아이. 볼썽사납게 눈물이 흘러내렸다. 뭐라 답해 줘야 할까. 일단 아니라고 했다.

-그럼, 됐어.

바로 답장이 왔다. 죽음에 대한 공포는 환자인 나에게만 있지 않았다. 어쩌면 죽음은 당사자인 나보다 아이들이 더 견디기 힘든 일일지 몰랐다. 나는 그것까지 살필 여력이 없었다.

아이들에게 지금 내 상황을 축소하거나 과장하지 않고 있는 그대로 솔직하게 말하고 싶었다. 과연 어디까지 솔직해야 할까 감이 오지 않았다. 열네 살 아이가 감당할 수 있는 고통의 크기는 어느 정도일까? 열네 살 아이가 이겨낼 수 있는 슬픔의 깊이는 어느 정도일까? 간신히 멈춘 울음이 또 터졌다.

아픈 엄마를 보여줘서 미안해.

몸이 이 지경이 되도록 방치해서 미안해.

나 하나 죽는 걸로 끝날 일이 아니라는 건 알고 있었다. 그럼에도 그건 그들 몫이라고 방관하며 이기적으로 굴었다. 남들은 잘도 피해 가는 불운을 받아들이느라 또래 아이들이 겪지 않아도 되는 상처로 아파하는 아이들을 모른 체했다. 암을 진단받고 나니 세상이 나에게 달아준 모든 호칭으로부터 도망치고 싶었다. 엄마, 딸, 동생, 아내, 며느리, 시누이, 올케, 친구, 언니…. 그 끈들을 다 잘라내고 싶었다.

죽냐고 묻는 열네 살 딸아이 질문에 정신이 번쩍 들었다. 벗어나려고 발버둥쳐봤자 나도 어쩔 수 없는 어미였다.

5월부터 8월, 숲에 가면 거위벌레 요람을 볼 수 있다. 몸 크기가 채 1cm가 될까 말까 한 거위벌레가 나뭇잎에 한두 개 알을 낳고 잘 말아서 땅으로 떨군 요람이다.

보통 거위벌레는 요람과 함께 다른 나뭇잎도 함께 떨궈 천적으로부터 요람을 보호한다. 눈속임이다. 요람은 그 작은 벌레가 만들었다는 게 믿기지 않을 정도로 튼튼하고 야무졌다. 강한 바람과 쏟아지는 비에도 끄떡없었다. 알은 어미가 잘 말아놓은 나뭇잎을 먹고 성충으로 자라 썩은 나무 안에서 겨울을 보낸다.

2년 전 숲에서 숲 해설가를 우연히 만나 들은 얘기다. 숲 해설가 선생님이 바닥에 떨어진 요람을 하나 들어서 보여줬다. 어른 힘으로 펴기 힘들 만큼 요람은 완벽한 요새였다. 그 요람 안에 깨알보다 작고 노란 알이 있었다. 별안간 눈물이 쏟아지려고 했다.

갈림길에서 선생님과 인사하고 헤어졌다. 참았던 울음이 터졌다. 근처 벤치에 앉아 울었다. 요동치는 마음을 진정시키고 천천히 내려왔다. 왜 울었을까? 그 작은 벌레가 보여주는 눈물겨운 모성에 감동했나? 요람을 보는 순간 부끄러웠나? 잘 모르겠다. 한 단어로 정리할 수 없는 복잡한 마음이었다.

죽냐고 묻는 아이에게 그렇지 않다고 당당하게 말하지 못했다. 한심했다. 어미로서 자격 미달이었다. 그날 이후 숲에서 거위벌레 요람을 만나면 어김없이 울음이 터졌다. 거위벌레 요람 앞에선 잊었던 모성이 꿈틀거렸다.

그깟 모성보다 자기애가 더 중요한 나였다. 모성애에 날 가두지 말라고 발악했다. 저 작은 요람이 그런 날 꾸짖었다. 비바람 앞에 바람막이가 되어주기는커녕 비바람을 온몸으로 맞느라 정신 못 차리고 있는 날 혼냈다.

항암치료로 종일 침대에 누워있었을 때, 수술실 베드 위에서 공포와 맞설 때, 방사선 치료실에서 감각이 마비되어갈 때, CT 촬영실에서 혈관을 타고 흐르는 조영제로 몸이 뜨거워질 때, 어김없이 아이들 얼굴이 보이고 목소리가 들렸다. 그럴 때마다 몸의 힘을 최대한 풀었다.

이까짓 거 아무것도 아니야. 그 작은 거위벌레도 자식을 위해 거친 잎맥 잘근잘근 씹고 나뭇잎 돌돌 만들잖아. 나도 이 정도 고통쯤, 이 정도 통증쯤 잘근잘근 씹어서 없애줄 거야. 죽음의 공포 따위에 굴하지 않고 어떻게든 살아서 아이들 삶에 바람막이가 되어 줄 거야. 저 작은 벌레도 하는데, 뭘.

그리고 말해줘야지.

엄마 안 죽어!

그랬으면 좋겠다….

# 언제나 그 자리에

-나의 늙은 친구, 김쌤

열일곱 살, 추위가 채 가시지 않은 3월, 모든 게 낯설고 두려웠던 고등학교 1학년. 임시 배정된 반으로 등교한 첫날이었다. 입학식 전이었는지 후였는지 그건 기억나지 않는다.

겨우 찾아 들어간 교실에서 제일 먼저 본 건 칠판에 그려진 아주 커다란 '어린 왕자'였다. '어린 왕자'에서 눈을 떼지 못하고 낯선 아이들 틈에 앉아 있었다.

교실 문이 열리고 임시 담임선생님이 들어왔다. 찰랑거리는 까만 단발머리에 검은 뿔테 안경을 쓴 선생님. 나의 늙은 친구, 김쌤이었다. 중요한 지시사항이 많았던 것 같은데, 귀에 꽂힌 단어는 딱 두 개였다. '길들임'과 '관계.'

진짜 담임은 다른 선생님이었다. 나는 각인된 오리처럼 그녀가 담당 교사인 독서동아리 회원이 되어 고등학교 3년 내내 까만 단발머리 늙은 친구 주변을 맴돌았다. 점심시간이면 그녀가 있는 상담실 앞을 배회했고, 책 대출을 핑계로 상담실 문을 두드렸다.

학년이 바뀔 때마다 그녀가 담임선생님이 되게 해달라고 빌었지만, 한 번도 이루어지지 않았다. 고3 때 국어 선생님으로 만난 게 다였다. 소심하고 낯가림 심한 내가 무슨 용기로 그녀 주변에 머물렀는지 지금 생각해도 아이러니했다.

미리 약속했는지 아니면 상담실 앞을 배회하던 나를 그녀가 불렀는지 기억나지 않는 어느 봄, 점심시간.

그녀와 함께 교정 여기저기를 걸었다. 그녀가 눈에 띄지 않는 장소에 핀 할미꽃을 보여줬다. 그날 이후, 할미꽃만 보면 그녀가 떠올랐다. 바람이 부는 날이면 그녀는 교정의 은사시나무를 바라보며 창가에 서 있었다. 나는 그런 그녀를 훔쳐보며 그녀 시선이 머물던 은사시나무를 사랑하게 되었다.

학창 시절, 그녀와 찍은 사진은 딱 두 장밖에 없었다. 동구릉으로 간 소풍, 그녀와 사진 찍으려고 줄 선 아이들 틈에 서 있다가 그녀와 팔짱 끼고 찍은 한 장. 졸업을 앞둔 어느 날, 차가운 교정 잔디밭에 앉아 찍은 한 장. 그날, 차가운 내 손을 만져주던 그녀의 따스한 체온이 아직도 느껴지는 것만 같다. 그렇게 그녀를 좋아하고 잊은 적 없는데, 어쩐 일인지 졸업하고 한 번도 그녀를 찾지 않았다.

결혼 후 한창 육아에 올인하던 어느 날, 고등학교 모교 교사가 된 동창하고 우연히 연락이 닿았다. 그녀 소식을 들었다. 그 자리에서 바로 그녀와 통화를 했다. 졸업하고 어언 20여 년 만이었다.

-선생님, 저 ○○이에요. 기억하세요?

-그럼 이 녀석아.

그녀는 늘 거기에 있었다. 내가 언제든 찾아가면 만날 수 있는 그곳에. 열일곱, 그때처럼 까만 단발머리 찰랑이면서….


-왜 이렇게 우울하니?

그녀를 기다리며 길에 서 있는데 그녀가 물었다. 아무도 보지 못하는 내 안의 깊은 우물을 그녀가 알아봤다. 그녀를 속일 수 없다는 걸 안 뒤로 슬프고 힘들 땐 그녀를 피했다. 서 있는 모습, 말 한마디, 눈빛으로 모든 걸 꿰뚫는 그녀였다. 암 진단받고 표준치료 끝날 때까지 숨어 있었다. 뒤늦게 그 사실을 알고 화를 내셨다.

-암이면 뭐? 이 어리석은 것아. 너는 그냥 너일 뿐이야.

그 문자를 받고 펑펑 울었다. 암 앞에서 사람들의 일반적 반응은 난감함과 과한 친절이었다. 동정 어린 시선은 덤이었다. 사람들도 나를 불편해했지만, 나도 그들이 편하지 않았다. 자연스럽게 멀어졌다. 어떤 꼬리표도 없이 날 읽어주고, 기억해 주는 사람. 아픈 날 그냥 '나'로 바라봐준 유일한 사람. 그분이 선생님이었다. 열일곱 살 이후 쭉 그랬다.

병원 진료가 있던 날, 오셔서 내 손을 잡아주셨다. 매일 숲에 다니는 걸 알고 함께 걸어주셨다. 재발이라는 얘기를 듣고 놀란 마음 진정하며 숨어 있을 땐 이미 모든 걸 눈치채고 계셨다. 왜 슬픈 예감은 틀리지 않냐며 안타까워하셨다.

병원 갈 때마다 차들로 밀리는 도로에서 늘 그녀를 떠올렸다. 어김없이 눈물이 흘렀다. 병원 진료 끝나고 그녀를 만나러 갔다. 재발 후 복용하게 된 경구용 항암제 4차 처방을 받은 날이었다.

세월이 참 징해야
은제 여름이 간지 가을이 온지 모르게
가고 와불제잉
금세 또 손발 땡땡 얼어불 시한이 와불것제
아이고 날이 가는 것이 무섭다 무서워
어머니가 단풍 든 고운 앞산 보고 허신 말씀이다.
　-김용택, 〈무심헌 세월〉

징글징글한 세월 탓할 거 없다. '오늘'을 살자구. 따뜻하게 입고 다니라구. (2020. 늙은 친구)

그녀가 쇼핑백 가득 이것저것 챙겨주었다. 손수건, 엽서, 마스크 줄, 어린 왕자 컵, 어린 왕자 무드등, 손글씨 엽서, 용돈.

집에 돌아와 그녀가 써준 엽서와 용돈을 확인하고 베개가 젖도록 울다 잠들었다.

열일곱이던 나는 오십이 넘었고, 서른 중반이던 그녀는 일흔
이 넘었다. 세월이 '징글징글'하다. 그녀와 내가 얼마나 더 많은
'오늘'을 함께 할 수 있을까. 나의 '늙은 친구.' 그녀와 좀 더 놀
고 싶다. 철없던 열일곱, 그때처럼.


사랑해요. 쌤.


아저씨가 밤에 하늘을 바라볼 때면 내가 그 별들 중 하나에 살
고 있을 테니까. 내가 그 별들 중 하나에서 웃고 있을 테니까.
아저씨에겐 모든 별들이 다 웃고 있는 것처럼 보일 거야. 그러
니까 아저씬 웃을 줄 아는 별들을 갖게 되는 거야.

-생텍쥐페리의 《어린 왕자》 중에서

# 감정 쓰레기통? 그거 내가 해줄게!
-사랑해, 언니

-나는… 에휴… 됐다.

언니였다. 김장재료를 몽땅 준비해서 엄마네 갖다주고 돌아가는 길이라고 했다. 발길이 떨어지지 않는다며 속상해했다. 뭘 어떻게 해야 할지 모른다고 했다. 언니 입에서 나온 소리라는 게 믿기지 않았다. 언니는 언제나 정확하게 할 일을 알고 있었다. 그 짧은 통화에서 언니는 미안하다는 말을 열 번도 넘게 했다. 나는 언니 하고 싶은 대로 하라고 했다.

-나는… 다른 사람은 모르겠어… 아니, 다 그럴지도 모르겠지만, 결혼하고 행복하지 않았어. 어떻게 아이 둘을 낳긴 했는데, 정말 인생이 고되고 힘들기만 했어. 아니다. 내가 너한테 왜 이런 말을 하는지 모르겠다… 잊어버려.

괜찮다고 더 얘기하라고 했다. 무슨 말이든 좋으니 하고 싶은 말을 하라고 했다.

-내 성격이 그래. 엄마, 너 그리고 아이들. 모른 체할 수 없어. 그러면 나만 힘들다는 걸 알지만, 그게 나야. 그렇게 태어났어. 나보고 고치라고 하는데, 잘 안돼. 행복하지도 않고.

알지, 내가 잘 알지. 사람들은 너무 쉽게 남의 단점을 지적하고 고치라고 말하지만 그게 말처럼 쉽지 않다는 거. 내가 너무 잘 알지. 누가 그러더라. 내가 좋은 걸 권하는 것보다 내가 하기 싫은 걸 권하지 않는 게 배려라고.

쓸데없는 소리 했다며 서둘러 전화를 끊은 언니가 곧바로 다시 전화했다.

-나는… 솔직히 암 걸리고 산 10년은 덤이라고 생각해. 아이들 이만큼 키웠으니 내 할 일은 끝난 거 같아.

언니 인생은 오로지 '부모' 역할만 있냐고 따지려다 그만뒀다. 삶의 우선순위 맨 마지막이 자신인 언니는 타인에게 관대하고 자신에겐 인색했다. 엄마로, 딸로, 언니로, 동생으로, 며느리로, 교사로, 농부로 살기도 버거운 언니에게 '언니 자신'이 되라는 말은 살아내야 하는 역할이 하나 더 느는 것밖에 안 되는 걸지도 몰랐다.

-왜 그런 소리를 해? 언제 병원 가?

-나는… 이제 병원 그만 가려고.

-뭐?

-글쎄, 사람이 다 다르니까. 나는 이제 그렇게 살고 싶어.

-(됐고) 그래서 언제 병원 가는데?

-1월인데, 지금 맘 같아선 안 가려고.

-….

언니는 혈액암이었다. 5년 생존율도 나오지 않는 암. 두 번이나 재발했지만, 10년 동안 직장 다니면서 농사짓고 살림하며 꿋꿋하게 살았다. 자신보다 가족과 학교가 우선인 언니는 병원 일정도 학교 일정이나 가족 일정에 맞춰서 진행했다. 방사선 치료는 오전 수업을 마친 오후에, 중요한 치료는 방학에 맞춰 시기를 늦췄다.

아침마다 눈뜰 수 있어서 행복하다고, 살아있어서 다행이라고 웃으며 말하던 언니였다. 재발하고 항암치료할 땐 그래도 살아야 한다고, 달리 무슨 방법이 있겠냐며, 걱정하던 나를 향해 활짝 웃어 보이던 언니였다.

맨날 웃기만 하던 언니가 동생인 내가 암이라는 소식에 목놓아 울었다. 그 울음소리에 정신이 번쩍 들었다. 포기하려던 치료를 해야겠다고 맘 고쳐먹었다. 그 언니가 지금 처음으로 힘들다고 말하고 있었다. 싹싹한 웃음이 트레이드 마크인 언니가 그만 살아도 되겠다며, 더는 치료하지 않겠다고 말하며 스리슬쩍, 티 안 나게 폭탄선언을 들이밀었다.

-정신과 약 먹으면 뭘 하니, 현실이 그대로인데. 다 소용없는 거 같아.

-….

-아니다. 왜 자꾸 이런 소리가 나오니. 미안해!

-미안해할 필요 없어. 뭐가 미안해.

-하고 싶은 대로 하라는데, 그렇게 생겨 먹질 않아서 잘 안돼. 어떡하겠니, 내가 이런 사람인데. 미안해!

-언니⋯ 언제든 이런 소리 해도 괜찮아. 나한테는 다 얘기해도 괜찮아.


여리지만 강한 사람이 언니였다. 내 인생 롤모델. 집안의 자랑거리. 긍정의 아이콘. 감자 파는 아저씨가 꼭 미스코리아 대회에 나가보라고 할 정도로 이뻤다. 애석하게도 키가 작아 출전의 기회는 날아갔다.

공감 능력이 뛰어난 언니는 흘러넘치는 정만큼 눈물도 흔했다. 어릴 때가 기억난다. 방에 엎드려 인형 놀이하는 날 보던 언니가 갑자기 울음을 터뜨렸다. 나중엔 두루마리 휴지까지 가져와서 대놓고 울었다. 왜 우는 거냐니까 인형 놀이가 슬프다고 했다. 못된 나는 더 슬픈 이야기로 언니를 울렸다.

언니는 공부도 잘했지만, 손재주도 뛰어났다. 고등학생이던 내가 TV 광고 속 과자 모델이 입고 나온 새하얀 샤랄라 원피스를 입고 싶어 한다는 걸 알고 천을 사다 한 땀 한 땀 바느질로 원피스 두 벌을 만들어줬다. 여름 방학에 그걸 입고 학교에 가면 아이들이 부러워했다. 나는 그 시선을 즐겼다. 그 원피스를 대학생이 되고 '아나바다' 장터에 내다팔았다 혼쭐났다. 철도 없고, 눈치도 없고, 쯧쯧.

언니는 요즘 코로나19로 집 안에 갇힌 늙은 라푼젤이 된 팔순 노모를 위해 주말마다 들통 한가득 음식을 만들어온다. 타인을 향해서만 열리는 언니의 지갑과 넓은 품. 언니 인생엔 여름 휴가도, 외식도, 배달 음식도, 명품 가방도 없었다. 놀고 쉬는 게 어떤 건지 모르는 사람이었다. 암 투병 중에도 엄살은커녕 앓는 소리 한번 내지 않고 끊임없이 몸을 움직이며 바지런하게 살았다. 하고 싶은 건 남한산성에 올라가 돗자리 펴고 누워 옥수수 먹으며 하늘 쳐다보는 거였다. 야쿠르트 아줌마가 파는 콜드브루 한 병 마시면 귀부인이라도 된 것 같다며 즐거워했다. 그마저도 '사치'라고 자주 못 하는 눈치였다. 맘이 편치 않다고 했다. 남들은 궁상이라고 했고, 언니는 절약이라고 했다.

그 언니가 지금 나에게 처음으로 힘들다고 말하고 있었다. 이젠 다 놓아버리고 싶다고 했다. 이런 말 해서 미안하다고 했다. 나는 어떤 위로의 말도 건네지 못했다. 자식을 생각하라고, 엄마 아빠를 생각하라고, 나를 생각하라고, 말하지 않았다. 언니가 그런 맘으로 오래 참아왔다는 걸 안다. 더 참고, 버티고, 견디라고 말하기 싫었다. '괜찮다'고 말하기 싫었다. 언니는 그런 나약한 사람이 아니라는 말도 하기 싫었다. 삶의 태도를 바꿔보라고도 하지 않았다. 사소한 습관 하나 바꾸는 게 얼마나 힘든 일인데…. 나약해도 된다고, 무너져도 된다고 말하고 싶었지만 하지 못했다. 해줄 말이 없었다. 그저 듣기만 했다. 언니가 처음으로

SOS를 보내는데, 나는 아무것도 해줄 게 없었다.

-미안해. 지금 맘은 이런데, 1월이면 또 맘이 바뀌어서 병원에 갈지도 모르겠다. 호호호….

또, 또, 언니는 날 안심시키려고, 내가 걱정할까 봐 맘에도 없는 말을 했다.

작년에 언니가 방사선 치료할 때 두어 번 병원에 동행했다. 늘 받기만 했지 뭘 해준 기억이 없었다. 마음의 빚을 덜어보고자 한사코 만류하는 언니를 무시하고 동행했다. 이 대목에서도 나란 사람은 얼마나 이기적인지. 결론은? 언니에게 나는 걸리적거리는 짐이고, 접대해야 하는 손님이라는 것만 확인했다. 언니에게 나는 위로의 대상이 아닌 돌봄의 대상이었다.

한번은 짠순이 언니가 뭘 사서 먹지는 않을 것 같아 김밥을 사 갖고 병원에 갔다. 방사선 치료는 20초 안팎이면 끝난다. 창경궁이 내려다보이는 병원 벤치에 앉아 언니랑 김밥을 먹었다. 김밥 한 줄 몇 푼 한다고 언니는 먹으면서 고맙다, 맛있다는 말을 남발했다. 김밥 한 개 먹고 고맙다, 또 한 개 먹고 맛있다….

누군가 자신을 생각해 김밥을 사 왔다는 사실에 언니는 감동했다. 이토록 작고 사소한 일에 행복해했다.

그런 언니가 이렇게 되도록 나는 뭘 했을까. 후회가 밀려왔다. 후회는 후회일 뿐 그렇다고 당장 뭘 해줄 수도 없는 현실이 답답했다. 미안하다는 말은, 고맙다는 말은 내가 해야 한다. 그리고 사랑한다는 말도!

언니, 정신과 가기 싫으면 가끔 전화해서 오늘처럼 하고 싶은 얘기해. 언니의 감정 쓰레기통이 되어줄게. 그렇게 해주고 싶어. 진심으로. 내 맘 알지? 우리 꼬부랑 할머니 될 때까지 살자. 사랑해.

그리고, 삶

# 글쓰기를 시작했다

## -나만의 대나무 숲

글쓰기는 누구에게도 할 수 없는 말을 아무에게도 하지 않으면서 동시에 모두에게 하는 행위이다.

-리베카 솔닛의《멀고도 가까운》중에서

결혼 이후 나는 불안정했다. 멀리서 보면 누가 봐도 부러운 삶이었지만, 실상은 달랐다. 그는 이성이 번득이는 현실주의자였고, 나는 감성이 도드라진 몽상가였다. 영혼의 교감과 소통 없는 결혼생활로 마음의 실핏줄이 터지고 갈라졌다. 관심과 애정이 사라진 관계엔 의무와 책임만 앙상했다. 인간 존중이 배제된 곰팡내 나는 묵은 관습과 시대에 뒤떨어진 경직된 윤리의식이 지배하는 시댁과의 관계는 감정을 피폐하게 만들었다.

손써 볼 엄두가 나지 않았다. 뭘 어떻게 해야 할지 몰라 모든 문제를 덮어버렸다. 자존심 때문에 내가 그 지경이라는 걸 차마 입 밖에 내지 못했다. 그렇게 나 자신과 내 삶을 방치했다. 그래서 암일까. 자기반성과 검열, 자기위안과 혐오 사이를 오갔다. 정신과 치료를 받아보고 싶었지만, 용기가 없었다. 틈만 나면 책으로 숨고, 영화로 도망쳤다. 그걸로는 아무것도 할 수 없었고, 아무것도 바뀌지 않았다. 겨우 숨만 쉴 수 있었다.

대나무 숲. 내 안의 대나무 숲을 향해 저벅저벅 걸어 들어갔다. 그 숲은 글쓰기였다.

무엇이, 왜, 나를, 지금, 여기로 끌고 왔을까. 운명이 내게 요구하는 건 뭘까. 어쩌다 암이라는 질병이 찾아왔을까.

항암치료 받고 오면 정신은 멀쩡했지만, 몸은 가누기 힘들었다. 똑같은 패턴이 반복되는 천장을 보고 누워 온종일 '어디서부터였을까?', '어떻게 잘못된 걸까?' 같은 질문을 무한 반복하며 시간을 축냈다.

면역력이 떨어져 사람 많은 곳은 피했고, 항암치료로 달라진 외모는 안 그래도 소심한 성격을 위축되게 했다. 책을 읽을 수도 없었다. 글이 눈에 들어오지 않았다. 러닝타임 2시간 남짓 영화는 며칠에 나눠서 봤다. 집중할 수 있는 시간이 짧았다. 삶이라는 게, 인생이라는 게 한마디로 정리되거나 요약할 수 없다는 걸 알았다.

그 속에서 나름의 질서를 찾으려고 안간힘을 썼다. 점점 더 의미에 집착했다. 표준치료 시작하고 1년 6개월 정도 지나자 무리 없이 일상생활이 가능할 정도로 몸이 회복되었다. 의지로 몸을 지배할 수 있다? 틀렸다. 나의 경우, 의지는 철저히 몸의 지배를 받고 있었다. 거기에서 벗어날 수 없었다. 몇 시간 앉아 있을 만큼 몸이 회복되자 비로소 쓰고 싶은 욕구가 생겼다는 게 그걸 입증한다. 몸은 마음을 완전히 통제하고 지배했다. 컨디션이 엉망인데, 의욕이 샘솟는다? 누워서 시간만 죽이는데, 행복하다? 그런 사람도 있겠지만 나는 아니었다. 사형 선고처럼 모든 사람이 두려워하는 질병에 걸리고 나니 '그럼에도 불구하고' 행복한 일은 없었다. '그럼에도 불구하고' 뭘 하고 싶은 의지는 없었다. 반대로 말하면, 어떤 욕구와 의지가 생겼다는 건 몸이 어느 정도 회복됐다는 걸 의미했다.

어쨌든, 몸이 회복되자 어딘가 날 쏟아놓고 싶었다. 일목요연하게 삶을 정리하고 싶었다. 내 안에 차오른 글이 물처럼 흘러넘쳤다. 받아 적기 급급해 글의 형식이나 완성도는 뒷전이었다. 글은 어떻게 시작하고, 어떻게 끌고 가고, 어떻게 마무리할지 생각하고 고민하지 않아도 저대로 흘러갔다.

강창래 작가는 《위반하는 글쓰기》에서 '생각이 글을 쓰는 것이 아니라 글이 생각을 쓰는 것'이라고 했다. 써놓고 보니 무턱대고 쓴 글에 내가 알아채지 못한 생각과 감정이 들어 있었다. 글을 쓸수록 마음에 근육이 붙었다. 모든 걸 포기하고 싶었는데, 일어설 수 있는 단단한 근육이 하나둘 생겼다.

글은 '알고 있는 것을 쓰는 게' 아니다. '몰라서 알기 위해' 쓰는
것이다.

-강창래의《위반하는 글쓰기》중에서


제일 먼저 쓴 건 내 이야기였다. 어둡고 깊은 우물 속에 들어
앉은 날 들여다보며 썼다. 암이 준 용기였다. 그러나 쓰는 중에
도 끊임없이 궤변을 늘어놓으며 자기합리화했다. 갖은 핑계와
변명 대며 도망치려는 내 뒷덜미를 글쓰기로 잡아채고, 가식과
허위의 가면을 하나둘 벗겼다.

-그렇게까지 할 필요 있어?

-작작 좀 해!

날 아는 사람들이 뜯어말렸다.

자기 성찰 없이 오십 년을 거짓으로 살았다. 모든 말들을 다
토해내고 나니 내가 어떤 사람인지 보였다. 가면을 벗은 민낯의
나는 '괜찮은 사람'이 아니었다. 내가 경멸했던 어떤 이의 모습
이었고, 내가 혐오했던 어떤 이의 모습이었고, 내가 손가락질하
던 어떤 이의 모습이었고, 내가 침 뱉었던 어떤 이의 모습이었
고, 내가 욕했던 어떤 이의 모습이었다.

그런 나를 숨기고 감추느라 가면을 썼고, 그걸 감추기 위해
그 위에 또 다른 가면을 썼다. 살면서 가면은 계속 덧씌워졌다.
어떤 게 진짜 내 모습인지 알아볼 수조차 없었다.

글을 쓰면서 마음은 가라앉았다. 조용히, 내가 들어앉았던 빈 우물을 내려다봤다. 우물 안에서 오랜 시간 웅크리고 있었을 날 떠올리며 울었다.

이제 다시, 거기, 들어가지 말자. 응?

다음으로 그와 나의 이야기를 썼다. 가장 하고 싶었던 이야기였지만, 그 누구에게도, 그 어디에도 말하지 못한 이야기였다. 혼자 읽는 일기에도 차마 쓰지 못했을 정도로 그와의 관계를 정면으로 마주하는 게 두려웠다. 우리 관계를 폭로하는 순간, 더는 그와 사는 나를 용납할 수 없을 것 같아 겁났다. 누가 열녀문 세워주는 것도 아닌데, 뭔 부귀영화를 누리겠다고 목숨 걸고 이깟 가정을 지켰을까….

결혼 후 난 결혼제도의 최대 피해자인 양 살았다. 날 존중하지 않는다며 그들을 미워하고 원망하고 멀리했다. 내가 불행한 이유는 모두 그들 때문이라고 단정 지었다. 나와 생각이 다르다는 이유로 그들을 무시했다. 나와 다른 가치를 추구한다고 그들을 경멸했다. 사람을 존중하지 않는다고 그들을 혐오했다. 사랑하는 방식이 틀렸다고 그들과 거리를 뒀다.

쓰면서 알았다. 그들과 나는 달랐을 뿐 틀린 사람은 없었다는 걸 말이다. 날 괴롭힌 건 그들이기도 했지만 동시에 나 자신이기도 했다.

객관적인 시선으로(물론 완벽하게 객관적일 수는 없었다) 글을 쓰자 날 괴롭히던 모든 것으로부터 '안전거리'가 확보되었다.

질식할 것 같은 관계에 숨통이 트였다. 관계 안에서 침몰하지 않고 헤엄쳐 나왔다. 글쓰기를 멈추지 않는 이유다.

《오늘 밤은 굶고 자야지》를 쓴 박상영 작가는 삶을 '감각하고 있는 현실의 연속'이라고 했다. '현실이 현실을 살게 하고, 하루가 또 하루를 버티게 만든다'고 했다.

나는 앞으로도 내가 '감각하고 있는 현실'을 쓸 생각이다. 그 글이 현실을 살게 하고 하루를 버티게 해줄 거라고 믿는다. 더불어 이 모든 것이 어딘가로 가는 '과정'이라고 믿는다. 나의 글쓰기가 어떤 모습으로 어느 방향으로 흘러갈지 지금은 알 수 없다. 그건 시간이 한참 흐른 뒤에 보이리라.

글쓰기로 암세포가 점령한 몸을 치료할 순 없었지만, 몸 안에 갇힌 불안한 마음은 다독여 주었다. 사람들이 말하는 '치유의 글쓰기'가 이런 걸까? 그럴지도.

소심한 날 치유할 수 있는 건 다른 사람이 아닌 나 자신이었다. 그래서 행복했다. 그래서 다행이었다.

완성이나 목표가 관념적인 것이라면 남는 것은 결국 과정이며, 과정의 연속일 뿐입니다.

-신영복의 《강의》 중에서

# 암과 살아가기로 했다

-숲의 말


암 환우가 되니 평소 신경 쓰지도 않던 좋은 공기와 좋은 먹거리가 탐났다. 먹거리야 조금만 부지런 떨면 구하기 어렵지 않았다. 온라인, 오프라인 가리지 않고 정보는 많았다. 어떤 재료가 나와 맞는지, 어떤 게 좋은지 구별하는 게 더 어려웠다. 지독한 '낯가림'이 투병 생활이라고 예외일 리 없었다. 낯선 재료는 일단 골라냈다. 들어서 익숙한 재료를 먹었다.

좋은 공기는 먹거리처럼 간단히 해결되지 않았다. 돈으로 살 수 없었다. 내 건강 하나 챙기자고 공기 좋은 시골로 당장 이사 갈 순 없었다. 그게 멀리 보면 우리 가족 전부를 살리는 일이었지만 아이들 교육, 그의 직장, 편의시설과 대중교통, 대형병원, 문화시설 등 포기하고 감수해야 할 게 많았다.

그럼 나 혼자 '자연인?' 맘은 굴뚝 같았지만, 쓸데없이 겁이 많았다. 호기심에 좀 알아보니 보기엔 쉬워 보여도 되고 싶다고

154

누구나 될 수 있는 건 아니었다. '자연인'의 필수 덕목은 의지와 절박함, 부지런함, 담대함이었다. 내겐 절박함밖에 없었다.

우왕좌왕하는 사이 항암치료가 코앞으로 다가왔다. 항암치료 시작하면 체력이 떨어질 거라고 주변에선 있는 대로 겁을 줬다. 하, 어쩌나. 항암치료 앞두고 주말마다 그의 손에 이끌려 산에 다니기 시작했다. 살려면 어쩔 수 없었다.

－여기 산 맞아? 웬 산에 이렇게 계단이 많아?

투덜거리면서 최대한 계단을 피해 걸었다. 길이 익숙해진 다음부턴 평일엔 혼자 다녔다. 산을 혼자 돌아다니는 건 무서웠지만, 죽음만큼은 아니었다. 해발 200미터 넘을까 말까 한 야트막한 동네 산이 그렇게 고마울 수가 없었다. 마침 다니던 산에 무장애 숲길을 조성하고 있었다. 발바닥 통증 때문에 고르지 못한 산길이 불편했던 나에겐 더없이 잘된 일이었다. 흙 한 줌 밟지 않고 매일 숲을 돌아다녔다. 비 오고 눈 내리면 숲은 깊어졌다. 그럭저럭 좋은 공기도 해결됐다. 매일 간다는 전제하에.


투병 생활은 정석을 따랐다. 정석? 수업 잘 듣고 교과서 위주로 공부하는 수험생 마음으로 살았다. 고액과외로 반짝 성적이 오르기야 하겠지만, 시험에서 통하는 '반짝 효과'는 삶에선 어림없었다. 그 정도론 충분치 않았다.

삶이 언제 끝날지 알 수 없었다. 막연히 길고 긴 싸움이었으면 했다. 매일 싸워도 좋으니 가족들 곁에 오래 남고 싶었다. 투병 생활은 오랫동안 날 지배해온 게으름과 나태함을 털어내고 새로운 습관을 기르는 일이었다. 삶의 태도와 패턴을 바꿔야 했다. 다른 삶과 다른 존재로 살아야 했다. 지치지 않으려면 즐기는 방식으로 접근해야 했다.

평일엔 혼자 산에 다녔다. 주말엔 남편과 도시락 싸서 수목원에 다니며 항암치료에 대비했다. 침엽수랑 활엽수만 겨우 구분할 정도로 나무나 꽃에 대해 무지했다. 오가다 시간 맞으면 숲해설가를 따라다녔다. 신기하고 재미있었다. 숲을 드나들다 보니 보는 게 나무고 꽃이고 새고 청설모였다. 이건 뭘까, 호기심이 생겼다. 호기심은 관심으로, 관심은 애정으로 발전했다. 모르는 건 사진을 찍어 '꽃검색'으로 더듬더듬 눈을 떴지만, 검색은 한계가 있었다. 잘못된 정보를 받아들고도 그게 잘못된 줄도 몰랐다. 개화 시기를 놓치면 나무 이름 하나 알기까지 꼬박 1년을 기다려야 해서 속도는 더뎠다. 1년 후는 어쩌면 오지 않을지도 몰랐다.

표준치료가 진행되는 동안엔 숲에 가지 못했다. 체력이 따라주지 않았다. 멋모르고 갔다가 벤치에 주저앉아 울고 내려온 뒤론 겁이 나서 머뭇거렸다.

평일엔 집 근처 산책로를 걸었다. 주말엔 수목원에 가서 돗자리 깔고 누워 있거나 휴양림으로 짧은 여행을 다녔다.


항암치료의 대표적인 부작용은 탈모였다. 그다음이 손발 저림 증상. 머리카락은 다시 자란다고 했으니, 크게 걱정하지 않 았다. 지금 상태를 보면 크게 걱정했어야 했다. 흑.

손 저림 증상도 일상생활하는 데 불편한 정도는 아니었다. 문 제는 '발 저림(?)'이었다. 온종일 전기 오듯 약한 통증이 있었다. 어디든 걸어야 하는데, 통증 때문에 자꾸 주저앉았다. 나가는 게 망설여졌다.

어쩌면 핑계인지도 몰랐다. 발 저림보다 더 무서운 건 몸에 밴 게으름이었다. 게으름이 삶의 의지를 눌렀다. 아침에 눈 뜨 는 게 싫었다. 살고 싶으면 해야 하는 일이라고 한심한 나를 어 르고 달래고 꾸짖었다. 숙제하는 마음으로 숲에 갔다. 그렇게 가서는 눈물 흩뿌리며 걸었다. 걸핏하면 울었다. 모퉁이마다, 자 주 앉던 벤치에서, 좋아하던 때죽나무 밑에서, 내 눈물 냄새가 났다.

숲은 허구한 날 울어대는 나에게 그만 좀 하라고 보채지 않고 있는 그대로 받아주었다. 봄엔 노란 햇살이 나뭇잎을 타고 내려 오며 감은 눈꺼풀 위로 어른거렸다. 찬 겨울바람 부는 날엔 마 른 낙엽이 구르면서 파도 소리를 들려줬다. 그렇게 3년 남짓 숲 을 들락거렸다.

이젠 제법 많은 나무를 알아본다. 통증 없는 날, 나는 숲에서 암 환우가 아닌, 그저 하나의 존재였다. 한 송이 꽃이었고, 한 그 루 나무였다. 그대로 자연의 일부였다.

숲에선 기이하게 휜 나무를 자주 보았다. 곧게 자라던 나무가 방향을 꺾었다. 그런 나무를 볼 때마다 꺾이던 그 순간 나무는 무슨 일이 있었던 걸까 궁금했다. 뭘 피하려고 저렇게 방향을 틀었을까? 그런 나무 앞에 서면 온몸을 비틀며 방향을 틀고 있는 내가 보였다. 살기 위해선 방향을 틀어야 해. 나무도, 나도.

아침고요수목원 한상경 대표는 어느 인터뷰에서 휜 나무는 '상처'가 있는 거라고 했다. 상처를 이겨내기 위해 휘기를 선택하는 거라고. 나무는 휘면서 삶의 궤적을 몸으로 기록했다. 숲에선 똑바로 서지 못하고 땅에 닿을 듯 쓰러진 나무도 있었다. 그런 나무도 봄이면 꽃이 폈다. 가을이면 열매를 맺었다. 온몸이 뒤틀려도, 쓰러져도 사는 건 다르지 않다고 나무들이 몸으로 말했다. 나무는 내 삶의 스승이자 벗이었다.

숲은 말했다.

-암과 싸우지 말고 함께 살아가.

숲은 쓰러지고 휘어지고 뒤틀려도 삶이 멈추지 않는다는 걸 보여주며, 내 몸을 점령한 암세포를 몰아내느라 애쓰지 말고 암과 공존하라고 했다.

나는 암과 싸우는 걸 그만두었다. 암과 살아가기로 했다.

# 있는 그대로

## -지금을 살다

종양내과 진료가 있었다. 재발한 후 4주에 한 번 경구용 항암제 입랜스를 처방받기 위해 병원에 간다.

-그렇게 자주요?

투덜댔더니, 간호사가 그 정돈 '자주'가 아니라고 했다. 이제 세 번째다. 호중구 수치가 기준미달이라 약은 처방받지 못했다. 다음 주에 다시 가야 한다. 120mg이던 용량을 100mg으로 줄여도 호중구 수치 회복은 더뎠다.

'호르몬 수용체 양성, HER2 음성.'

유방암도 종류가 다양하다. 내가 진단받은 암 외에 어떤 종류가 더 있는지 모른다. 내가 겪고 있는 암이 유방암 중 가장 흔하고, 그런 이유로 치료법 개발이 잘 되어있다는 정도만 안다. 암 환우로 3년 넘게 살아도 암에 관해선 일반인보다 문외한이다. 암 환우라고 모두 '암 박사' 타이틀을 갖는 건 아니다. 분야를

막론하고 '박사' 타이틀은 어렵다.

다양한 암 종류만큼 환우들의 투병 유형도 다양하다. 의학서적과 최신 논문 쌓아놓고 공부하는 학구파, 환우 모임과 각종 치유 프로그램에 적극적으로 참여하는 활동파, 버킷리스트 도장깨기 하는 목표지향파, 자연으로 들어간 자연치유파.

일반적인 투병 생활은 두세 개 유형이 중첩된다. 나는 어디에도 속하지 않았다. 쓸데없이 고집 세고 필요 이상으로 예민한 회의론자였던 나는 질병 앞에서도 인성이나 습관을 개선하려고 노력하지 않았다.

겉으론 예의 바른 환우 코스프레에 심취했지만, 몸에 들러붙은 게으름과 영혼에 달라붙은 의지박약은 어쩔 수 없었다. 그 흔한 버킷리스트도 작성하지 않았다. 투병 생활에 대한 계획이나 목표도 없었다. 암 관련 서적이나 정보는 그런 게 다 무슨 소용이냐며 무시했다. 환우로서 나의 가장 큰 문제점은 스스로 암환우라는 사실을 받아들이지 못한 거였다.


직장 근처 병원에서 암을 진단받고 대형병원으로 옮긴 진료 첫날, 담당 주치의가 저술했다는, 헉 소리 나게 두꺼운 유방암 서적 구매를 권유받았다. 지시나 명령에 가까웠다. 누구보다 환자 자신이 질병에 대해 잘 알고 있어야 한다고 강조했다.

고개를 끄덕이며 동의했지만, 구매하지 않았다. 현실을 마주볼 자신이 없었다. 암을 피해 도망 다니던 때였다. 암이라는 단어를 듣자마자 전투태세를 갖추는 보편적인 환우에 비해 나는 낙관적인 듯 비관적이었다. 암을 안다는 게 구체적으로 치료에 어떤 도움을 주는지 이해하지 못했다. 그럴 수도 있고 아닐 수도 있다고 모호하게 생각했다. 그 저변엔 끝 모를 두려움이 있었다.

처음엔 이런저런 통계와 식단, 운동 방법, 주의사항을 꼼꼼히 찾아봤다. 인터넷에 접속만 하면 와르르 쏟아지는 정보들. 얼마 안 가 과잉정보로 피로가 쌓였다. 생각보다 실천할 수 있는 게 별로 없었다. 아니, 실천할 의지가 없었다. 천성적 게으름이 한몫 거들었다.

시간은 더디게 흘렀고, 어떤 정보도 지금 상황을 급격하게 호전시킬 수 없다는 걸 깨달았다. 수치로 표기되는 생존율이나 재발률, 사망률은 알아도 그만, 몰라도 그만이었다. 그 수치들은 치료과정이나 회복하고는 아무 상관도 없어 보였다.

중요하게 생각했던 건 하나였다.

소화하지도 못할 정보와 나에게 어울리지 않는 생활방식, 지키지 못할 다짐 때문에 이 아까운 시간을 낭비하지 말자. 지금까지도 애쓰면서 살아왔는데, 더는 애쓰지 말자. 다른 사람과 비교하면서 자신을 책망하는 건 그만두자. 어디에도 정답은 없다. 내게 맞는 방식이 나에겐 정답이다. 지금 이 순간을 흘려버리지 말자. 슬프면 슬픈 대로, 기쁘면 기쁜 대로, 두려우면 두려운 대로, 외로우면 외로운 대로, 우울하면 우울한 대로, 행복하면 행복한 대로, 감사하면 감사한 대로, 있는 그대로 받아들이자. 회피하지 말자.

암이라는 걸 알았을 때 동요하지 않았다는 건 나에게 닥친 상황을 제대로 보지 못했다는 증거였다. 나는 완전히 무(無)의 상태였다. 암을 감당하지 못하는 영혼은 버리고 육체만 남겨두었다. 남은 육체도 내 것이 아니라고 세뇌했다. 의욕도 희망도 활기도 기대도 의지도 없었다. 실망도 거부도 반감도 미움도 좌절도 원망도 후회도 없었다. 사람이 그런 상태로 살 수 있다는 게 믿기지 않았다.

인간은 불행에 처한 자신을 과소평가했다. 너니까 이겨내는 거야, 나라면 못했어. 내 불행으로 자신의 행운을 확인하고 나약함을 으스대는 사람들. 나는 매번 감당하지 못하겠다고 좌절했지만, 그 순간을 맨정신으로 통과하며 사람은 생각만큼 나약하지 않다는 걸 증명했다.

재발 이후 나는 달라졌다. 날 둘러싼 공기도 달라졌다. 삶에 또 한 번의 매듭이 지어졌다.

어떻게 살아야 할까?
어떤 삶이면 후회하지 않을까?
됐고, 일단 지금을 살자.

서두를 필요가 없다. 왜냐하면 당신이 어디로 가고 있는 것이 아니기 때문이다. 오래, 또 멀리 걸었어도 당신은 항상 같은 시간과 장소에 놓인 존재일 뿐이다. 숲이다! 어제도 거기에 있었고, 내일도 거기에 있을 것이다. 그야말로 광대무변한 하나의 단일성! 길모퉁이를 돌아도 지나쳐 온 곳과 구별이 안 되고, 나무를 쳐다보아도 똑같이 엉켜 있는 한 덩어리다. 결국 당신이 아는 모든 것을 종합해볼 때, 당신이 걷는 길은 매우 크고 출구가 없는 하나의 원이다. 그게 뭐, 대수인가!

-빌 브라이슨의 《나를 부르는 숲》 중에서

# '전부'가 될 수 없는 것들

### -내 안의 숲


〈가타카〉라는 SF 장르 영화가 있다. 영화는 인간의 탄생에 두 가지 방식이 있다는 걸 보여주며 시작한다. 자연 섭리와 유전자 선택 방식.

별다른 정보 없이 여기까지만 들어도 왠지 영화의 내용이나 주제가 어느 정도 예상되지 않나? 그렇다. 유전자 선택 방식으로 태어난 사람과 자연 섭리 방식으로 태어난 사람의 삶을 다룬 이야기다. 이번엔 왠지 이야기의 결말이 보이지 않나?

과거에도 현재에도 그리고 미래에도 질병은 사람을 불안하게 만드는 요소였나 보다. 사는 동안 육체적으로 완벽해지길 바라는 마음. 더 나아가 완벽한 육체와 정신으로 불멸에 이르고자 하는 마음. 길거리에서 마주치는 진시황제의 후예들. 더 젊게, 더 완벽하게, 더 건강하게. 생로병사의 흐름을 거스르고 싶은 인간의 끝없는 욕망.

그 욕망은 유전자 조작으로 탄생한 인간과 출생과 동시에 삶이 결정되는 신 카스트 제도를 부활시킨 기폭제였다.

영화는 유전인자만 완벽하다면 삶도 완벽해진다고 믿는 인간의 우매함 앞에 예측할 수 없는 삶의 변수를 들이댄다. 현재에도 그리고 미래에도 삶은 호락호락하지 않았다. 사고로 불구가 되는 바람에 우월 유전자를 실현할 기회를 박탈당한 제롬과 불굴의 의지와 노력으로 열성 유전인자의 한계를 극복하고 꿈을 이룬 빈센트.

〈가타카〉에는 신생아의 혈액 한 방울로 그 아이의 '삶'을 읽는 장면이 나온다. 기대수명은 물론이고 살면서 앓게 될 질병의 종류와 확률이 정확한 수치로 나열된다.

나는 알고 있다. 통계수치로 정해진 삶의 로드맵은 예측 불가능한 삶의 변수 앞에 한낱 종이 쪼가리에 불과하다는 걸.


2019년 늦여름인가 초가을부터 수술 부위가 간지러웠다. 임상 연구간호사를 통해 그 증상을 알렸지만, 3개월마다 진행한 유방촬영과 초음파 검사에서 이상이 발견되지 않았다. 종양표지자 수치도 정상범위였다. 간지러운 증상은 지속됐다.

겨울부턴 간헐적 통증이 있었다. 참을 수 없을 땐 속으로 욕을 해대며 진통제를 삼켰다. 얼마 후엔 수술 부위가 빨갛게 달아올랐다. 작년 초여름까지 그 상태를 오르락내리락했다. 반복되는 유방촬영과 초음파 결과는 거짓말처럼 정상이었다. 증상은 점점 심해졌지만, 검사 결과를 믿고 안도했다.

첫 증상 발현 후 몇 개월 뒤에야 재발로 밝혀졌다. 종양표지자 수치는 재발이 밝혀진 후에도 보란듯이 '정상 수치'였다. 농락당한 기분이었다. 눈에 보이는 증상조차 부정하는 이따위 기계를 믿고 내 몸을 맡겼다는 사실에 황당함을 넘어 분노했다. 전문의 몇 명이 봤지만 보지 못했고, 고가의 최첨단 기계도 암세포를 잡아내지 못했다. 내가 들은 변명은 기계의 한계와 단점이 전부였다. 그 한계와 단점에도 불구하고 그 기계를 믿고 의지해야 한다는 이 엿같은 현실. 기계의 오류 때문에 죽어도 그 누구도, 그 무엇도 책임지지 않는 이깟 목숨.


영화처럼 머지않아 피 한 방울로 사람의 육체적 삶을 예상할 수 있게 된다면 그 이후 우리의 삶은 어떻게 변화할까? 〈가타카〉는 그런 삶에 희망 대신 과학이 탄생시킨 또 다른 억압과 통제가 지배하는 암울한 사회를 그렸다. 태어나는 순간 신분과 계급이 존재하는 사회. 금수저와 흙수저를 나누는 기준이 피 한 방울로 합법화된 사회.

영화 속 미래사회는 아름답지 않았다. 과학의 발전은 인간의 삶을 인간적인 방향이 아닌 비인간적인 방향으로 몰고 갔다. 이 영화는 어쩌면 과학발전의 오류를 지적하며 과학이 추구하는 방향과 진정한 인간성을 돌아보고자 했는지 모르겠다. 인간이 그렇게 단순한 존재가 아니라는 걸, 피 한 방울로 인간 삶의 전부를 담아낼 수 없다는 걸 돌려 말하고 싶었는지도 모르겠다.

채혈 후 수치로 환산된 내 혈액 속 각종 호르몬과 백혈구와 내가 모르는 내 안의 모든 것. 눈으로 한 번도 본 적 없는, 숫자로만 존재하는 그것들. 나의 일부지만, 나의 전부는 아닌 그것들. 나를 조종하고 지배하는 그것들.

어느 날부터 글을 썼다. 뒤늦게 육아일기도 썼고, 결혼생활도 썼고, 숲에서 걷던 시간도 썼다. 그 글들 한 꼭지 한 꼭지는 내 이야기이지만, 그것이 곧 내 전부는 아니다. 그건 내 삶의 아주 작은 조각일 뿐이다.

그럼 그 조각을 다 모으면 그게 나의 전부일까? 수백 편 글을 쓰고, 그 글을 책으로 묶으면 그게 내 전부일까? 그 당시 감정과 사유, 관점은 맞지만 그걸 '전부'라고 말해도 될까?

사람은 어느 한 곳에 머무는 존재가 아니라 유동적 존재다. 내 안에 나를 이루던 1년 전 세포는 거의 사라지고 없다. 그럼 나는 1년 전 '나'가 아닌 다른 존재일까? 잘 모르겠다.

사람은 거대한 숲이다. 그 숲에 어떤 나무가 자라고, 어떤 오솔길이 있고, 어떤 곤충과 동물이 사는지, 숲의 주인인 나조차 모른다. 숲은 살아 숨쉬며 끊임없이 진화한다. 사는 동안 내 안의 숲을 얼마나 알 수 있을까? 내 안의 나무를 얼마나 알아챌 수 있을까? 내 안의 꽃을 얼마나 피울 수 있을까?

세계의 성인들은 입을 모아 '사람이 곧 우주'라고 한다. 그 말은 자신을 아는 일이 우주를 아는 것만큼 불가능하다는 걸 우회적으로 표현한 건 아니었을까. 사람이 우주처럼 불확실하고 불안정한 존재라는 말은 아니었을까. 지금, 이 순간에도 팽창하고 있는 내 안의 우주와 숲.

고작 사진 몇 장, 고작 피 몇 방울, 고작 글 몇 편으로 '전부'를 읽을 수 있다고 믿는 인간의 오만함이 부끄러운 아침이다.

행복할 수 없는 곳이지만 떠나기 싫은 마음이 드는 건 왜일까? 몸속의 모든 원소도 우주의 일부라고들 한다. 어쩌면 떠나는 게 아니라 고향으로 돌아가는 것일지도 모른다.

―영화 〈가타카〉 중에서

# 쓸데없이 살 걸 그랬어

## - '너무' 바르게 살았다

죽음을 앞둔 사람들이 가장 후회하는 건 뭘까?

드라마에서, 혹은 영화에서 암 진단받는 장면을 흔하게 보는 요즘이다. 심각한 배경음악이 흐르거나 소름 돋는 정적 때문에 분위기는 비장하다. 드라마에서, 영화에서 보는 '암'은 곧 '사망 선고'였다.

그렇다면 실제 환우들은 '암'이라는 단어를 처음 들었을 때 어떤 기분일까? 내 몸속 어딘가 암세포가 자라고 있다는 사실을 인지한 환우의 일상엔 어떤 변화가 생길까?

기억을 더듬어 내가 경험한 '그날'을 조금 과장하면 이렇다.


-자, ○○○ 씨, 검사 결과 암입니다.

-네….

-수술하실 건가요?

-네… 병기는?

-그건 수술해봐야 압니다. 일단 크기가 크니 바로 수술은 어렵습니다. 항암치료 먼저 하고 오세요. (간호사 혹은 전공의를 향해 주치의가 말한다.) 종양내과 선생님 연결해 드려. 자세한 일정은 밖에 나가서 안내받으시죠.

암 통보는 드라마틱하지 않았다. 동네 마트에서 물건 고를 때보다 고민의 시간은 짧았다. 의사는 마치 맛있는 사과 한 알 권유하듯 수술과 항암치료를 권하고 내 장바구니에 담아줬다. 계산은 계산대에서 하라는 말도 잊지 않았다. 드라마나 영화에서 봤던 장면하곤 달라도 너무 달랐다.

의사는 암이라는 단어를 말할 때 난감해하며 뜸 들이지 않았다. 환우가 된 나도 당황하지 않았다. 무서운 정적이 뇌에 가득 차는 느낌밖에 없었다. 내가 만났던 수많은 의사와 간호사가 암을 말할 때 그 눈빛을 잊을 수 없다. 내 목숨의 위중함을 알고 있지만 함구하는 느낌. 내 미래가 보이지만, 모른 척 피하는 눈빛. 상황 파악 못 하고 희망적인 나를 보는 측은한 표정.

'너 이제 큰일났어. 어쩌냐. 하나도 모르는 눈치네.'

치료가 시작되었다. 3년 동안 병원을 수도 없이 드나들었지만, 눈물을 떨구는 환우나 보호자는 보지 못했다. 사람 목숨이 왔다 갔다 하는 상황이었지만, 병원은 감상 따위 허락할 만큼 낭만적이지 않았다. 감상은 병실 커튼을 치고 혼자 삼켰다.

진료실 밖이라고 상황이 좋은 것도 아니었다. 딱딱하고 매정하다고 느낀 진료실 안이 그나마 친절한 곳이라는 걸 깨닫는 건 단 몇 초면 충분했다. 진료실 밖 복도는 대기 중인 환우와 진료를 마치고 나온 환우, 보호자가 뒤엉켜 북새통이었다. 거기 생명에 대한 존엄과 환우에 대한 존중이 끼어들 자리는 없었다. 피로에 찌든 간호사와 동냥하듯 얌전히 순서를 기다리는 환우들.

삶은 암이라는 단어를 듣자마자 총알처럼 튀어 나가지 않았다. 그러기엔 지나가야 하는 삶의 방지턱이 너무 많았다. 어제와 같은 오늘이었고, 지난주와 같은 이번 주였고, 3년 전과 같은 가을이었다. 슬픔과 공포, 두려움과 불안은 한참 뒤 찾아왔다.

암이라는 얘기를 듣고 집에 오는 길에 오늘 저녁은 뭘 먹을까 그와 얘기를 주고받으며 시장에 들러 음식 재료를 샀다. 집에 와서는 친구 일로 속상하다는 아이 얘기 들어주며 등을 토닥여 줬다. 암이라도 먹어야 했고, 치워야 했고, 돌봐야 했다. 살아야 했다. 매일 아침 일어나 아이를 깨워 등교시키고, 빨래를 돌리고, 설거지하고, 음식을 만들었다. 잠시 삶을 멈춰놓고 맘껏 슬퍼하고 싶었지만, 그럴 수 없었다. 서러웠지만, 그게 삶이었다. 살아내야 하는 삶이었다.

아이러니하게도 재발 후엔 일상이 멈추지 않아서 좋았다. 어제 같은 오늘이 감사했다. 내 손으로 밥 지어 아이를 먹일 수 있고, 위로가 필요한 아이 곁에 있을 수 있어서 다행이었다. 상황이 달라지자 받아들이는 마음도 달라졌다. 줏대 없이 흔들리는 얄팍한 마음.

암이 구체적으로 어떤 질병인지 몰랐다. 지금도 정확히 모른다. 알고 싶지 않다. 간신히 부여잡고 있는 희망이 사라질까 무섭다. 겁쟁이도 이런 겁쟁이가 없다.

삶을 버리고 훌쩍 떠나고 싶었다. 막상 떠난다면, 어디로 가야 할지도 몰랐다. 구체적으로 내가 원하는 게 뭔지 몰랐다. 아무것도 하고 싶지 않았다가 뭐든 하고 싶기도 했다. 어제처럼 살고 싶기도 했고, 그렇지 않은 것 같기도 했다. 내가 정말 살고 싶은 삶이 어떤 건지, 어떤 사람으로 살고 싶은 건지 모호했다. 암 공부보다 나를 공부하는 게 우선이었다. 절실했지만, 과정이 쉽진 않았다.

환우가 되고 나니 남는 게 시간이었다. 통증 없는 날은 암을 잊었다. 걸신들린 사람처럼 영화 보고 책을 읽었다. 하루에 적게는 한 편, 많게는 서너 편의 영화를 봤다. 한꺼번에 대여섯 권의 책을 돌려가며 읽었다. 그리고 글쓰기를 시작했다.

투병을 핑계로 그렇게 3년 정도 살았다. 어느 날, 내가 세상이 만들어놓은 인생 계획표를 충실히 따르며 반듯하게 살아온 사람이라는 걸 깨달았다. 그제야 비로소 타인의 시선과 인정 욕구에 갇혀 그럴듯한 사람이 되려고 어리석게 굴던 내가 보였다.

12년 학창 시절 동안 단 하루도 결석하지 않았다. 사소한 부탁도 거절하지 못했다. 누가 봐도 괜찮은 사람이 되고 싶어서 타인에게 나를 솔직히 드러내 본 적 없었다. 모든 걸 내 탓으로 돌리며 이해하고 공감하고 배려했다. 부정적인 감정이 불편해서 타인을 욕하거나 미워하지 못했다. 그게 맞는 삶이라고 배웠다.

암은 그런 삶이 누구를 위한 건지 물었다. 내가 살아온 방식이 처음부터 잘못된 건 아닐까. 내 삶은 내가 아닌 공동체를 위한 건 아니었을까. 어쩌면 나는 한 개인이 아닌 공동체의 '쓸모 있는' 구성원으로 사육당했을지 모른다는 유치한 음모론도 제기해 봤다.

나는 구성원 가운데 하나일 뿐이야. 아주 작은 나사못에 불과했어. 구성원으로 태어났고, 구성원으로 필요한 지식을 배웠고, 구성원으로 가정을 이뤘고, 구성원으로 직장에 다녔고, 구성원으로 아이를 낳고 키웠어. 지금은 구성원으로 환우가 되어 의료계를 위해 이 한 몸 바쳐 헌신하는 중이야.

지나친 비약일까? 그럴지도 모르겠다. 피해의식일까? 그럴지도 모르겠다.


중학교 때부터 연극에 빠져 대학로를 들락거렸다. 대학에 들어가자마자 연극 동아리에 제 발로 찾아갔다. 매일 서점을 들락거렸다. 일없이 학교 노천극장에 앉아 햇볕 쬐며 시간을 보냈다. 방학이면 집구석에 붙어 있지 않고 농활이다 뭐다 발바닥에 땀 나도록 쫓아다녔다. 졸업하고 평론이 재밌다며 영화 평론을 기웃거렸다. 취업 준비는 안 하고 새벽에 일어나 도서관에 가서 소설을 읽고 시를 읽었다. 그런 날 보고 주변에선 '쓸데없는 짓' 좀 그만하고 정신 차리라고 했다.

결혼하고 나니 '쓸데없는 짓'도 끝이었다. 나는 다시 구성원이 되어 '쓸모있는' 사람으로 '쓸모있는 삶'을 살았다. 아이 낳고 키우면서 출생률을 높였고, 아이들 교육하며 사회일꾼 양성에 이바지했다. 임금 한 푼 받지 못하는 전업주부로 한 사람 몫의 삶을 충실히 살았다. 그러면서 관심도, 애정도 없는 쓰잘데기없는 대상과 상황에 의미를 부여하며 집착했다. 시간 낭비 없는 삶을 위해 나를 희생하고 버렸다.

암 환우로 산 3년은 슬프고 우울하고 두렵고 고통스러웠지만, 사회가, 가정이, 세상이 나에게 요구하는 모든 것들과 멀어지며 홀가분했다. '쓸데없는 짓'만 일삼던 이십 대 초반, 내 본질이 살아있던 그 시절의 나로 돌아갔다. 암과 함께한 몇 년은 내 인생 최고의 시간이었다.

죽음을 앞둔 지금 가장 후회되는 일이 뭐냐고 묻는다면 난 주저 없이 대답한다.

더 쓸데없이 살 걸 그랬어.

그리고 아이들에게 말한다. 열심히 살지 마. 쓸데없는 짓 많이 해. 사회에서 요구하는 쓸모있는 사람이 되려고 시간과 에너지 낭비하지 말고 너 자신을 위해 쓸모있는 사람이 돼.

그건 말처럼 쉽지 않다. 모든 가치가 돈으로 환산되는 자본주의에서 그렇게 사는 건 미친 짓이거나 결과가 불 보듯 뻔한 모험일 수 있다. 어쩌면 불가능한 일인지도 모르겠다.

그래도 나는 말한다.

쓸데없이 살아.

가끔 상상해본다. 만약 더 쓸데없는 짓 일삼으며 살았다면 지금쯤 나는 어떻게 살았을까? 지금보다 나은('낫다'라는 기준은 또 뭐란 말인가!) 사람이 되었을까? 지금보다 더 못한 사람이 되었을까? '무엇'이 되었다 해도 언제 죽음이 닥칠지 모를 암 환우보다 낫지 않았을까? 이 정도라서 감사하라고? 그것도 맞는 말.

남은 날은 쓸데없이 살아야지!

# 아픈 사람처럼 보이지 않아요

## - 나는 그냥 나

나에게 무슨 일이 벌어지고 있는지, 내가 어디쯤 지나고 있는지 정신 차릴 수 없었다. 항암치료를 앞둔 2017년 가을 이야기다. 낮엔 더웠고, 아침저녁으로 쌀쌀했다. 어디선가 코스모스가 만개했다는 소문이 들려왔다. 뚫고 지나가야 하는 표준치료가 어떤 건지 몰랐다.

병원 진료를 마친 어느 날, 근처 백화점으로 모자를 사러 갔다. 곧 머리카락이 빠질 예정이었다. 방금 산 모자를 쓰고 소풍 가듯 '구리 한강시민공원'으로 코스모스를 보러 갔다. 평일 오후였고, '코스모스 축제' 전이라 사람은 많지 않았다.

따스한 가을볕 쬐는 할머니 몇 분 원두막에 앉아 있었다. 그날. 햇살 아래 앉아 있는 그 할머니들이 미치게 부러웠다. 내가 가질 수 없는 '시간'을 보내고 있구나. 부러운 눈길로 바라봤다. 당연히 올 거라고 믿었던 '늙음'이 이제 불확실했다. 나이 들어서럽다고, 나이 든 게 죄냐고 툴툴거릴 일이 없을지도 몰랐다. 울컥해서 코스모스가 제대로 눈에 들어오지 않았다. 그때부터 쓰기 시작한 모자를 아직도 쓰고 있다.

다시 자란다던 머리카락은 자라긴 했지만, 숱이 눈에 띄게 줄었다. 모발도 가늘었다. 누구 하나 내 머리숱에 관심 없었지만, 내가 싫었다.

- 아픈 사람처럼 보이지 않아요.

사람들은 왜 모자를 쓰냐고 묻지 않았다. 가끔 모자가 잘 어울린다고, 모자가 예쁘다고 말했다. 그들이 이유를 물었다면 암 환우라는 걸 밝혔겠지만, 묻지 않는데 일부러 밝히는 것도 우스웠다.

몇 년째 정수기 관리를 위해 집으로 방문하는 코디분이 있다. 어느 날, 친정엄마와 나의 대화를 듣고 물었다.

-어디 아프세요?

-네….

-아, 저는 몇 년 동안 그런 줄도 몰랐어요. 아픈 사람처럼 보이지 않아요.

아픈 사람. 아이들이 가끔 몇 년 전 사진을 보여줄 때가 있다. 그 사진 속의 나는 병색이 완연했다. 사람들이 말하는 아픈 사람이었다. 정작 그때 나는 내가 아픈 사람으로 보이지 않는다고 착각했다. 가발 쓰고 화장하면 누구도 내가 아픈 사람이라는 걸 눈치채지 못할 거라고 믿었다(이래서 착각은 자유!). 사진 속엔 낯선 내가 있었다. 까까머리, 생기라곤 없이 부은 얼굴, 가발 때문에 어색한 모습, 웃고 있지만 우는 듯한 표정. 그 모습은 내가 봐도 분명 아픈 사람이었다. 이런 몰골로 괜찮냐고 누가 물으면 나는 웃으면서 괜찮다고 대답했다. 누가 봐도 괜찮지 않은 모습으로 말이다. 사람들은 이런 나에게 왜 괜찮냐고 물었을까?

무심코 던진 코디분 말이 마음에 잔잔한 파동을 일으켰다. 악의로 한 말이 아니라는 건 안다. 어쩌면 그분은 칭찬으로 그 말을 했을지도 몰랐다. 아픈 사람으로 보이지 않으니 곧 나을 거라고 희망을 주고 싶었는지도 몰랐다.

그날, 종일 그 말이 떠나지 않았다.


사람들이 생각하는 아픈 사람은 어떤 모습일까?

핏기 없는 피부, 파란 혈관이 도드라진 팔뚝, 바짝 마른 외모, 깨작거리는 식욕, 초점 잃은 퀭한 시선, 날 선 감정, 생존을 향해 번들거리는 눈빛, 빈약한 걸음걸이, 말라버린 눈물 자국.

나는 위에 열거한 그 어디에도 속하지 않은 아픈 사람이었다. 나는 폭폭 퍼먹지는 않아도 매 끼니 적정량의 식사를 했다. 툭하면 베개가 젖도록 울었지만, 웃는 날도 많았다. 뭉그적거리긴 해도 산에 갈 체력은 있었다. 감정은 암 이전에도 예민했다. 암환우의 자격지심 때문인지 관계는 조심스러웠다.

건강보조식품 근처엔 가지도 않았다. 의욕 넘치게 만들어놓은 버킷리스트는 없었지만, 나를 찾겠다는 욕구는 그 어느 때보다 강했다. 친정엄마는 얼굴이 푸석푸석하고 부었다며 볼 때마다 안타까워했지만, 절대 마른 몸은 아니었다. 건강해도 아파도 살과의 전쟁은 끝나지 않았다. 젠장.

그러니까 나는 몸은 암세포가 득시글대며 활개 쳐대는 암 환우여도 겉으론 멀쩡했다. 일상 생활하는 데 지장 없었다. 체력이 따라주지 않아 하지 못하는 일도 이따금 있었지만, 그럭저럭 컨디션 조율하면 괜찮았다. 병원에서도 나는 중증 환우와 경증 환우를 오갔다. 어느 과에선 고위험군으로 분류됐고, 어느 과에선 중증이 아니라며 동네병원으로 버렸다.

내 몸 전체를 두고 볼 때 그럼 나는 아픈 사람일까, 아픈 사람이 아닐까? 나는 사람들이 떠올리는 아픈 사람 이미지에 가깝지 않았지만(어쩜 이것도 나만의 착각일 수도!) 아픈 사람이었다. 그것도 심각하게 아픈 사람. 언제 죽어도 이상하지 않은 사람이다.

몇 년 전 나는 분명 아무도 내가 아픈 사람이라는 걸 눈치채지 못할 거라고 믿었다. 어쩌면 지금도 그러고 있는지 모른다. 내가 아픈 사람이라는 걸 다 눈치채고 있는데, 나만 모르고 있는지도 모르겠다. 다시 건강한 사람이 될 확률은 제로에 가깝다. 지금처럼 아픈 사람이거나 아픈 사람으로 보이지 않는 사람을 오락가락하며 살아갈 확률이 높다. 어느 쪽이어도 상관없다. 살 수만 있다면. 아이들 곁에 더 오래 머물 수만 있다면. 내년에도, 그다음 해에도 숲을 걸을 수 있다면. 아픈 사람이어도, 아픈 사람처럼 보이지 않는 사람이어도 괜찮다.

　나는 그냥 나다. 아픈 사람인 건 맞는데, 그 단어 안에 갇히고 싶지 않다. 나는 아내고 딸이고 엄마고 제자고 친구다. 나는 누군가에게는 아픔을 핑계로 버림받았지만, 누군가에게는 생각만으로도 가슴 저미는 사람이다. 아픈 사람이라고 특별대우 받고 싶지 않다. 아픔으로 얻은 삶의 어드밴티지는 부담스럽다. 내가 바라는 건 약간의 배려다. 그거면 된다.

　'아픈 사람'이라는 낙인은 불편하다. '아픈데도 불구하고'라는 수식어 없이 바라보면 좋겠다.

　아픔이 성과를 부풀리거나 축소하는 도구가 아니었으면 좋겠다. 암 환우에겐 '암'이라는 단어가 주홍글씨처럼 존재에 덧씌워진다. '암 투병 끝에 사망했다'로 설명되는 암 환우의 죽음은 삶의 기억과 인생의 발자취를 암으로 지운다. 죽어서도 놔주지 않는 암세포의 질긴 생명력.

　나는 그렇게 죽기 싫다. 내가 사라진 후, 날 떠올리는 기억이 암만은 아니길 바란다. 아픈 사람이 아니었으면 좋겠다.

　다른 사람 기억 속에 남고 싶은 나는 어떤 모습일까?

　내가 기억하고 싶은 나는 어떤 모습일까?


스스로가 되는 것 그리고 보이는 것만 보기란 얼마나 어려운가!

-페르난두 페소아의 〈양떼를 지키는 사람〉 중에서

# 무엇을 남길 것인가

-또 다른 미니멀리즘

아주 오래전 헨리 데이비드 소로의 《월든》을 읽었다. 신선한 충격이었다. 그 여파는 오래갔다. 실제 소로의 삶은 책 속의 삶과 차이가 있다는 비판이 있었지만, 그 당시 내 삶을 돌아보게 한 책인 건 분명했다. 그런데 자급자족은 자신 없었다.

몇 년 전 이사했다. 평소엔 안 보이던 물건이 이사만 하려고 하면 어디에 있다 쏟아져 나오는지 신기하고 놀라웠다. 생전 처음 보는 물건, 한때 애지중지했지만 방치했던 물건, 있는 줄 알았지만 어디 있는지 몰라 찾아 헤맸던 물건…. 물건 정리는 의아함과 반가움, 놀라움의 연속이었다.

이사하기 위해 집 안 곳곳을 뒤지며 가져갈 물건과 버릴 물건을 분류했다. 이미 읽었거나 더는 읽지 않는 책, 몸에 맞지 않지만, 혹시 하는 마음에 가지고 있던 옷, 고르고 골라 사놓고 몇 년째 한 번도 입지 않은 옷, 쌓아만 두고 쓰지 않는 그릇, 필요

181

없어진 가구, 아이가 어릴 때 가지고 놀던 장난감…. 물건은 끝도 없이 쏟아져 나왔다.

그 물건들을 기증할 것과 버릴 것으로 분류해서 정리하고 이사 왔다. 이사할 기회가 없었다면, 아직도 그 물건들은 그 자리에 있었을지 모른다. 상상만으로도 끔찍하다.

이사 와서 정리가 뭔지 보여주겠다는 마음으로 선별해서 가져온 물건을 한정된 수납공간 안에 효율적으로 정리했다. 부족한 수납공간은 수납 상자와 선반을 이용해 해결했다. 뿌듯했다.

우연히《미니멀리스트》를 읽었다. 소로의《월든》이 마음을 흔들긴 했지만, 실생활을 개선하기엔 2% 부족했다. 조슈아 필즈 밀번의《미니멀리스트》는 달랐다.《월든》보다 실현 가능해 보였다. 한번 해볼까? 마음이 움직였다.

그 책을 시작으로 미니멀리즘에 관한 책을 도서관에서 빌려다 읽었다. 책을 덮고 나면 집에 있는 물건을 가만히 쏘아보며 머릿속으로 이리 치우고, 저리 치우며 달라질 공간을 상상했다. 작정하고 본격적으로 물건을 정리하고 비운 건 그로부터 한참 후였다.

정리 대상 1순위는 책이었다. 가장 애착 가는 물건이었다. 정리에 임하는 결연한 의지와 단호함을 보여주기에 안성맞춤이었다. 중고로 팔 수 있는 책은 모두 팔았다. 나머지는 폐지가 되었다. 기증은 망설였다. 누군가에게 가서 짐이 될까 망설였다. 폐지로 전락한 책은 내 맘을 이상하게 했다. 죄짓는 느낌이랄까. 내가 버린 건 단순히 책이라는 물건인데, 마치 그 책의 저자나 책에 대한 내 느낌까지 버린 것 같아 유쾌하지 않았다.

'앞으로 책 사는 일은 자제해야겠어.'

책은 집 근처 도서관에서 빌려서 읽었다. 도서관에 없는 책은 희망 도서로 신청했다. 요즘 도서관 시스템이 얼마나 좋은지 '읽고 싶어요' 신청하면 구비하고, 우선 대출권을 줬다. 굳이 책을 소유하지 않아도 불편하지 않았다. 기다렸다 읽는 책은 기다린 시간만큼 맛있었다. 소유는 책이라는 물건에 대한 집착이고 욕심이라는 걸 깨닫고 책 속 이야기나 지식, 정보, 사유만 소유하기로 했다.

그다음 옷을 정리했다. 책보다는 애착이 심하지 않아 수월했다. 버리기로 한 옷 중 몇 번 안 입어 아까운 옷은 따로 모아 기증했다. 그다음 그릇, 그다음 신발, 그다음 가구.

갑자기 물건을 버리겠다는 내 의견에 동의하지 못하는 가족의 반발도 만만치 않았다. 설득하려다 싸움이 되기 일쑤였다. 물건 주인과 합의하지 못한 물건은 그대로 둘 수밖에 없었다.

몇 년에 걸쳐 주기적으로 정리하고 비우고 버렸다. 왜 몇 년씩이나 버리고 비웠을까? 단호하지 못해서 이번에 남긴 물건이 다음엔 버리는 물건으로 분류되는 일이 다반사였다. 그걸 안 이후에도 쉽게 개선되지 않았다. 버리고 또 버려도 암세포처럼 질긴 생명력으로 살아남는 물건은 있었다.

버리는 게 얼마나 어려운 일인지 깨달은 후엔 물건을 구입하고 딸려오는 사은품도 꼭 필요하지 않으면 거절했다. 정리에 가장 걸림돌이 되는 물건은 선물 받은 물건이나 편지였다. 그걸 알고 나선 생일선물도 물건은 피했다. 맛있는 음식 함께 먹고 시간을 나누는 게 진정한 선물이라고 지인들을 붙들고 설득했다. 물론, 아이들은 선물을 바랐다. 신발이나 좋아하는 가수의 앨범 같은 물건을 사주는 걸로 합의했다.

버리는 일에 적극적으로 동참하진 않았지만, 물건에 대한 감정은 시간이 지나면서 시들해진다는 걸 정리 과정에 알게 된 가족들도 물건 사는 일에 신중해졌다. 애지중지하던 물건이 버릴 물건으로 전락하는 걸 보는 건 불편했다. 필요하지 않은 물건을 단지 이쁘다는 이유로, 그냥 갖고 싶다는 이유로 사는 일은 자제했다. 대신 꼭 필요한 물건을 이쁜 걸로 골라 사기로 했다. 고백하자면 정말 이뻐서, 갖고 싶어서 산 물건도 있다. 왜 없었겠는가!

물건 정리가 어느 정도 끝나가자 자연스럽게 관계를 정리했다. 만나도 그만, 안 만나도 그만인 이런저런 모임에서 빠졌다. 만나고 돌아설 때 유쾌하지 않은 사람과의 관계도 서서히 멀리했다. 불필요한 관계를 유지하기 위해 감정과 에너지, 시간을 낭비하고 싶지 않았다. 물건만큼 감정도 소중했다. 남은 관계에 집중했다.

그 과정은 물건 버리는 것보다 더 어려웠다. 감정 털어내는 일은 단칼에 되지 않았다. 뿌리째 뽑기 어려웠다. 사라졌나 싶으면 남아 있는 감정의 불씨가 동정의 바람을 타고 살아났다. 시간이 오래 걸렸지만, 꼭 필요한 과정이라 멈추지 않았다.

그 후론 섣불리 관계 맺지 않았다. 물건 버리기로 시작한 미니멀리즘은 관계의 정리까지 마치고 나니 감정과 욕망까지 자동으로 미니멀해지는 효과가 있었다.

사서 축적하는 삶이 아니라 모든 게 왔다가 그대로 가도록 하는 삶. 시냇물이 그러하듯 잠시 머물다 다시 제 길을 찾아 흘러가는 삶. 음악이, 영화가, 소설이, 내게로 와서 잠시 머물다 다시 떠나가는 삶. 어차피 모든 것을 기억하고 간직할 수는 없는 일이 아니냐.

　　　　　　　　　　　　　　　 -김영하의《오래 준비해 온 대답》중에서

암 환우가 되었다. 처지가 달라지니 더는 버릴 물건이 없어 보이던 집 안이 온통 버릴 것투성이로 보였다. 본격적인 치료가 시작되기 전, 본래의 목적 상실하고 쓰레기가 되어 버린 물건을 다시 버리고 비웠다. 어디 멀리 떠나는 사람처럼 그 일에만 매달렸다. 간당간당한 목숨, 언제 어떻게 될지 몰랐다.

서둘러 정리하고 나자 족히 1천 권에 이르던 책 가운데 책장에 남은 건 달랑 스무 권 남짓이었다. 그걸 유지하는 것도 만만치 않았다. 이런저런 독서 모임에 참여하다 보니, 모임에서 선물로 받은 책이 한두 권씩 늘어나더니 어느새 스무 권을 훌쩍 넘겼다. 물건 하나에 고민 하나가 딸려왔다. 그릇은 4인 가족이 사용할 최소의 양만 남겼다. 냄비와 웍, 프라이팬은 각각 한 개씩만 남겼다. 냉장고 안은 '모르는 재료가 없는 상태'를 유지했다. 유통기한 지난 소스와 냉동실에서 1년 이상 자리만 차지하고 있는 오래된 재료는 과감히 버렸다.

표준치료가 시작되자 그 일은 중단되었다. 체력적으로 한계가 있었다. 전처럼 한꺼번에 많은 일을 할 수는 없었다. 하루는 싱크대 한 칸, 하루는 속옷 수납장, 하루는 신발장 두어 칸, 하루는 책장 서랍 하나…. 집에서 나가는 물건의 양이 상당했지만, 공간이 단박에 넓어지진 않았다.

수납장처럼 덩치 큰 가구 때문에 수납장 속을 아무리 비워도 공간은 그대로였고, 비운 수납장은 곧 이런저런 물건들로 채워졌다. 수납장은 불필요한 물건을 숨기기에 최적화된 가구였다. 물건 정리와 비우기에 걸림돌이 되는 건 물건 자체가 아니라 물건을 숨기는 수납장이었다.

한참을 고민하다 수납장을 버렸다. 덩치 큰 가구는 버리는 일도 쉽지 않았다. 집 공사를 하면서 아이들 방에 옷장 대신 행거를 놔준 것도 그래서였다.

정리하다 보면 가끔 예상치 못한 선물을 받을 때도 있었다. 빛바랜 사진이나 지인들에게 받은 누렇게 변한 편지. 사진 보고, 편지 읽으면서 눈물짓다 가진 에너지를 탕진하느라 그날 정리는 거기서 끝났다. 자꾸자꾸 정리하고 싶은 이유가 거기에 있는 건 아닐까? 정리는 집 안 어딘가 숨겨져 있는 추억 속 나와 만나기 위한 핑계는 아닐까?

버리고 비우는 건 같았지만, 암 진단 전후 기준과 마음가짐은 달랐다. 암 진단 전엔 담백한 미니멀리즘 실천이었다. 특별한 의미 부여는 없었다. 물건에 치이지 말자. 공간의 주인은 사람이어야 한다. 물건의 소중함을 알자. 비운 만큼 좋아하는 일에 집중하자. 그때 정리는 현재에 초점이 맞춰져 있었다.

암 진단 후엔 내가 없는 공간에 남겨질 물건이 보였다.

자주 사용해서 내 손때 묻은 물건만 남기고 싶어.
부끄럽지 않고 민망하지 않은 물건만 남기고 싶어.
쓰레기 같은 물건으로 날 떠올리게 하고 싶지 않아.
남은 가족에게 짐이 안 되는 물건이었으면 좋겠어.

지금의 정리는 미래에 초점이 맞춰졌다. 내가 없을 '그 세상'에 나를 대신해서 존재할 물건을 골라냈다. 내 온기와 내 체취와 내 흔적을 담은 분신과도 같은 물건들. 누군가의 말처럼, 아무것도 남기지 않고 떠나고 싶었지만, 마음 한구석 날 기억하는 무언가를 남기고 싶었다. 그렇게 날 기억해주길, 날 잊지 않길.

어려울 거라 예상했던 관계는 의외로 쉽게 정리되었다. 암이라고 하니 굳이 내가 나서지 않아도 자연스럽게 관계가 정리되었다. 떠나도 아쉽지 않은 사람들은 떠나갔고, 날 위해 울어줄 사람들은 남았다. 내가 사랑하고, 날 사랑하는 사람이 분명해졌다. 그들이 기꺼이 아픈 내 곁에 남았듯, 나 또한 기꺼이 그들 곁에 남기 위해 노력하고 싶었다.

미니멀리즘은 무조건 버리고 비우는 개념이 아니다. 꼭 필요한 물건만 남기는 게 미니멀리즘이다. '필요'의 개념이 물건과 관계의 효용성이나 실용성만 의미하는 건 아니다. 감정적으로 깊은 울림을 주는 물건은 물건 이상의 존재로 분류되어야 한다. 내 기준은 그렇다. 오늘도 묻는다.

정말 필요해?
아니, 남기고 싶어?

# 아직도 종이 다이어리 써?

-조금 더 아날로그적으로

얼마 전 〈Years & Years〉라는 6부작 영국 드라마를 봤다. 드라마의 시간은 2034년까지였다. 공간은 영국.

드라마 속 2034년은 1970년이나 1980년 세상에서 그려봤던 미래 모습과는 사뭇 달랐다. 인간 세상 위협하는 로봇과 하늘을 나는 자동차나 인공 지능으로 단순해진 삶, 그런 건 눈 씻고 찾아봐도 없는 미래였다. 무시무시한 로봇도, 하늘을 나는 자동차도, 자율주행 자동차도 보이지 않았다.

미래에도 작은 배에 수십 명씩 올라타 목숨 걸고 얼음장 같은 바다 위를 떠도는 난민은 존재했다. 가난한 자는 더 가난했고 부자는 더 부자가 되었다. 은행이 파산하는 사상 초유의 사태가 벌어졌고, 길거리엔 자전거를 탄 고학력 실직자들이 넘쳐났다.

여전히 생명은 소중했고, 가족은 서로에게 집착했고, 소수자들은 세상의 편견과 차별에 목숨 걸고 싸웠고, 세계는 전쟁의 공포에서 벗어나지 못했다. 드라마가 그리는 미래는 지금과 달랐고, 지금과 다르지 않았다. 이렇게 이질감 없는 미래 드라마는 처음이었다.

드라마 속 등장인물 중 한 명이 손안에 핸드폰을 삽입하는 장면과 죽음을 앞둔 사람의 기억을 디지털화하는 장면에서 이 드라마가 SF 장르라는 걸 자각했다. 드라마의 시공간 배경은 미래지만, 엄밀히 말하면 현재와 동떨어진 미래는 아니었다. 현재와 긴밀하게 연결된 미래. 디지털이면서 아날로그 세상인, 지금 내가 사는 세상과 쌍둥이처럼 닮은 듯 다른 미래였다.

그 세상 안에 나는 있을까? 언젠가부터 오늘이 아닌 미래는 불편하다.


자주 가는 도서관에서 개관 2주년이라며 2021년 탁상 달력을 주었다. 1주년이던 작년엔 다이어리를 주었다. 그때 함께 받은 백설기도 맛있었다.

도서관 야외 카페에 앉아 차 한잔 마시면서 달력을 한 장 한 장 넘겨봤다. 딴짓하다가 한쪽으로 밀어놨던 달력을 끌어와 신경 쓰지 않는 척하면서 한 장 한 장 넘겼다. 별다른 그림 없이 도서관 마크와 숫자만 있는 심플한 디자인, 그저 숫자만 적혀 있을 뿐인 그 종이가 가슴을 먹먹하게 했다. 핸드폰에 들어있는 달력 속 숫자보다 종이 위에 찍힌 숫자는 조금 더 실체감 있게 다가왔다.

집에 돌아와 손으로 달력을 쓱 한번 쓰다듬고 책장에 꽂아두었다. 핸드폰 앱을 열었다. 오늘 잡힌 일정을 저장하고 알람 설정까지 해두었다. 적기만 해선 일정이 지나간 줄도 모르는 경우가 허다하다. 이제 알람은 필수다.

다이어리를 꺼냈다. 새로 생긴 일정을 적었다. 핸드폰에 저장하고 알람까지 설정했는데 왜 다시 종이 다이어리에? 가까운 미래엔 손안에 핸드폰 정도 가볍게 삽입할 수 있는 최첨단 디지털 세상을 살아가는 지금, 왜 굳이 종이 다이어리에?

나는 '쓰는 행위'가 좋다. 질 좋은 종이에 손에 착 감기는 필기감 좋은 펜으로 끄적이는 그 느낌은 집게손가락으로 매끄러운 핸드폰 화면 톡톡 터치하는 느낌과는 질적으로 다르다. 터치와 다르게 쓰는 행위는 바로 뇌로 전송되어 입력 완료된달까.

직접 쓴 엽서나 편지를 주고받는 일도 좋다. 세상의 방향이 디지털로 가는 요즘엔 그런 종이 주고받는 일이 귀해졌다. 자고 일어나면 더 빠르고, 더 성능 좋고, 더 세련된 기계가 손가락 터치 한 번으로 슝, 하고 마음을 실어나르는 세상이다. 마음 담은 종이가 '짐'으로 전락한 세상이다.


이 드라마 속 등장인물 중 한 명은 손안에 핸드폰을 삽입하지 못해서 안달이 난다. 조금 과장하면 나도 그렇다. 온종일 손에서 핸드폰을 놓지 않는다. 한편으론 갖은 방법으로 핸드폰에서 벗어나려고 안간힘을 쓴다. 애증의 관계다. 가까이 두고 싶지만,

멀어지고 싶은 관계.

요즘 마음속 시간은 거꾸로 가는지 어쩌다 한번 펼쳐보는 다이어리에 쏠린다. 수첩이나 노트, 필기구에 열광한다. 향수 젖은 과거로의 회귀.

나는 아직 아날로그적이다. 가까운 미래에 핸드폰이 손안에 삽입되고, 디지털로 전환된 인간의 기억과 감정을 존재라 믿는 세상이 온다지만, 여전히 사랑 없이 살 수 없는, 종이와 펜을 사랑하는, 쓰는 행위로 기억하고 위로받는, 아날로그적 인간. 나는 조금 더 아날로그적으로 살고 싶다.

틀렸어요. 당신들 완전히 틀렸다고요. 당신들이 저장한 것들과 다운로드한 것들. 그리고 내 일부들. 물에 복사한 그것들이 정말 어떤지 당신들은 모르죠. 난 코드가 아니에요. 정보도 아니죠. 이 기억들은 사실에 그치지 않아요. 그 이상이죠. 그 기억들은 내 가족과 연인, 엄마, 여러 해 전에 죽은 내 동생이에요. 사랑, 내 본질은 그겁니다. 사랑. 난 사랑이에요.

-드라마 〈YERAS & YEARS〉 중에서

# 오늘도 도서관에 간다

## -그리운 '시간'과 '사람'

도서관에 갔다. 내가 좋아하는 도서관이다. 도서관이 다 거기서 거기지 뭐 특별한 게 있을까? 내겐 좀 특별한 도서관이 있다.

좋아하는 도서관이 몇 군데 있다. 정독도서관, 삼청공원 숲속도서관, 배봉산 숲속도서관, 양원 숲속도서관. 눈치챘겠지만, 정독도서관을 뺀 나머지 도서관들의 공통점은 모두 '숲속'에 있는 도서관이다(정독도서관도 이름에 '숲속'이라는 단어만 없을 뿐, 다른 도서관과 다르지 않다). 굳이 책 읽지 않아도 좋은, 책 읽으면 더 좋은 도서관. 책 읽으러 가는지 숲을 보러 가는지 의도가 명확지 않은 도서관. 숲 보러 간 김에 책도 읽고, 책 읽으러 간 김에 숲도 보고.

도서관 선택 기준은 뭘까? 도서 보유량, 친절하고 해박한 사서 선생님, 종이냄새 나는 정돈된 서가, 효율적인 최신 시스템, 다양한 프로그램. 대충 이 정도가 도서관 선택의 중요 항목이지 않을까?

지금 나의 도서관 선택 기준은 도서관 위치와 주변 공간이다. 과거 중고등학교 시절 주말마다 첫차 타고 가서 공부하던 정독도서관을 제외하고, 도서관 선택 우선순위는 '공간'이 아닌 '거리'였다. 집에서 걸어서 5분 거리에 있는 공공도서관을 가장 좋아했다. 건물도 낡았고, 보유 도서 상태도 별로고, 프로그램도 다양하지 않았지만, '걸어서 5분'이라는 점이 맘에 들었다.

그랬던 내가 암 환우가 되었다. 암은 취향까지 바꿔놓았다.

삼청공원 숲속도서관은 두어 번 가봤다. 지난해 들었던 '나무수업' 강사님이 삼청공원에 있는 나무를 정리해 놓은 '나무 지도'를 주셨다. 언제고 그 지도 들고 공원을 천천히 둘러봐야지 생각만 해도 기분이 좋아졌다. 그 공원 안에 아담한 도서관이 있다. 배봉산 숲속도서관은 한 번도 가본 적 없지만 좋아하는 도서관이라고 주저 없이 말한다. 도서관 입구에서 배봉산으로 이어지는 무장애 숲길이 조성되어 있다. 도서관 입구와 산길이 바로 연결되다니! 매력적이었다. 이 도서관은 곧 들러볼 작정이다.

마지막으로 양원 숲속도서관. 이 도서관은 내게 좀 특별하다.

표준치료가 끝났을 때 사는 게 막막했다. 아니, 막연했다. '아무것도 하지 않는 상태'를 견디지 못했다. '아무것도 아닌' 내가 어색하고 불편했다. 어딘가 소속되고 싶었고 뭐라도 하고 싶었다. 어디에 소속되어야 할지 몰랐다. 하고 싶은 게 뭔지도 몰랐다. 나이 많고, 할 줄 아는 것도 없는데 아프기까지 한 나를 써 줄 곳은 없었다. 선뜻 써준다 해도 내가 망설였다. 언제, 어떻게 될지 모른다는 불안감 때문에 새로 무언가 시작한다는 게 조심스러웠다.

왠지 지금 이 삶은 아닌 것 같은데, 그렇다고 어떤 삶이 내게 맞는지 알 수 없었다. 엄마는 날 볼 때마다 집에 있긴 아깝다고 했지만, 내가 아깝지 않게 쓰일 곳이 어딘지 몰랐다. 표준치료 거치면서 달라진 몸과 마음으론 이전 삶으로 돌아갈 수 없었다. 잘 해낼 자신도 없었다. 새로운 형태의 삶이어야 한다는 사실엔 암묵적으로 동의했지만, 뚜렷하게 그게 어떤 건지 몰라 방황했다. 차츰 회복되던 체력과 달리 자존감은 하향곡선을 그리며 추락하더니 바닥을 쳤다.

힐링하겠다며 수목원 가서 '숲 해설가'를 해볼까? 나를 슬쩍 떠봤다. 이런저런 독서 모임 쫓아다니며 '독서토론 리더'가 되어볼까? 내 옆구리를 찔러봤다. 도서관에 들락거리며 '사서' 자격증이나 따볼까? 내 눈치를 살폈다.

새벽마다 종아리에 경련이 일어날 정도로 여기저기 쫓아다니며 어떻게, 어떤 사람으로 살아야 하나 기웃거리며 고민했다. 가까운 사람들은 '아무것도 하지 말라'며 만류했다. '무엇도 되지 말라'고 주저앉혔다. 그저 살아있으라 했다.

어느 날, 둘째 아이가 내민 가정통신문을 보고 낯가림 심한 내가 덜컥 학부모 독서동아리에 들어갔다. 삶이 이전과 다른 궤도 안으로 들어서더니 빠른 속도로 일상이 달라졌다. 학부모 독서동아리가 계기가 되어 몇 군데 독서 모임에 발을 들여놓았다.

아이 낳고 키우느라 내 이름은 물론 정체성도 잊고 살았다. 그 이름으로 사람들이 날 불렀다. 간호사나 의사가 아닌 일반인이 불러주는 내 이름 석 자라 좋았다. 남편과 아이가 연결해준 관계가 아닌 내가 선택한 관계 안에서 그냥 '나'로 있으면 되었다. 누구 아내고 엄마인지, 누구 며느리이고 딸인지, 직업이 뭔지, 어디에 사는지, 굳이 얘기할 필요 없었다.

같은 책을 읽고, 어떻게 읽었는지 이야기하는 것만으로 기분 좋은 긴장감이 돌아왔다. 일상이 팽팽해지고 촘촘해졌다. 나랑 맞는 강사와 지적 긴장감 가져다줄 토론자를 찾아 여기저기 기웃거렸다. 새벽마다 악 소리 나게 괴롭히는 종아리 경련도 기꺼이 감수했다. 그렇게 떠돌던 끝에 지금은 두어 곳에 정착했다.

그때 들었던 강의 중 하나가 '북 큐레이션'이었다. 마지막 수업은 큐레이션 실습이었다. 도서관에서 흔쾌히 장소를 제공해주었다. 그게 인연이 되어 지금까지 한 달에 한 번 정기적으로 도서관 큐레이션을 진행하고 있다. 그 일이 누구 말처럼 '돈이 되고 쌀이 되는' 일은 아니었다. 그래도 좋았다. 전시를 준비하는 과정은 잃었던 몰입의 순간을 가져다주었고, 포스터 제작은 사라졌던 창작열을 불러왔다.

암 진단받고, 좋은 공기 마시고 운동한다며 산에 다닌 지 어느새 3년이 넘어가고 있다. 부지런히 다닌다고 다니며 관리했는데, 지난여름 암이 재발했다. 한 달 내내 비가 온 탓도 있었지만, 경구용 항암제 복용을 위해 난소 난관 절제 수술을 하고 회복하느라 숲에 못 갔다.

그런 까닭에 도서관에서 보는 이 가을숲이 반갑고 애틋했다. 지금 도서관 앞 작은 언덕엔 빨갛게 단풍 든 화살나무와 수크령이 환상이다. 작년 가을 이 풍경 보겠다고 숲에 갔다 일부러 도서관 방향으로 내려와서 커피 한 잔 놓고 한참을 카페에 앉아 있곤 했다. 집 앞에 있는 도서관 놔두고 일부러 차 타고 이 도서관에 와서 책을 빌렸다. 꼭 듣고 싶은 강의가 아니어도 도서관에 한 번 더 오고 싶어서 강의를 신청하고 들으러 왔다. 이런 날 보겠다고 멀리서 친구들이 도서관까지 찾아왔다.

2020년엔 코로나19로 큐레이션은 제대로 진행하지 못했다. 강의도 다 취소되거나 온라인으로 변경되는 바람에 도서관에 올 일이 없었다. 물론, 맘만 먹으면 올 수 있었지만, 생각만 하다 말았다. 이 도서관에서 빨갛게 단풍 든 화살나무를 보며 '이제 회복하는 일만 남았다' 생각한 게 고작 1년 전이다. 그 1년을 버티지 못하고 암이 재발했다. 두 번 다시 수술실 베드 위에 누울 일 없다고 생각했는데, 난소 난관 절제 수술을 받았다. 그렇게 삶의 경계선을 또 한 번 넘었다.

오랜만에 도서관에서 큐레이션을 진행하고 온 날, 친구가 보낸 2021년 벽걸이 달력을 받았다. 달(月) 이름이 너무 이쁜 달력.

해오름달-새해 아침에 힘 있게 오르는 달

시샘달-잎샘 추위와 꽃샘추위가 있는 겨울의 끝 달

물오름달-뫼와 들에 물오르는 달

잎새달-물오르는 나무들이 저마다 잎 돋우는 달

푸른달-마음이 푸른 모든 이의 달

누리달-온누리에 생명의 소리가 가득 차 넘치는 달

견우직녀달-견우직녀가 만나는 아름다운 달

타오름달-하늘에서 해가 땅 위에서는 가슴이 타는 정열의 달

열매달-가지마다 열매 맺는 달

하늘연달-밝달뫼에 아침의 나라가 열린 달

미틈달-가을에서 겨울로 치닫는 달

매듭달-마음을 가다듬는 한 해의 *끄트머리* 달

이날들이 올까? 동그라미 쳐가며 이날들을 살 수 있을까? 내년에도 도서관에 앉아서 빨간 화살나무와 수크령을 볼 수 있을까? 친구가 보낸 2021년, 그 365일을 살고 싶다.

얼마 전 전시한 큐레이션 수정하러 내일도 도서관에 간다. 한 번에 끝내지 못해서 좋다. 그걸 핑계로 뜨거운 가을볕 아래 빨갛게 물들어가는 화살나무와 수크령을 한 번 더 볼 수 있다.

나에게 도서관은 단순히 '공간'이 아닌 거기서 보낸 '시간'과 함께한 '사람'에 대한 기억이다. 그리움이다.

'내년'은 어쩌면 없을지도 모른다.

희망은 목표라기보다는 그저 미래라는 시간을 향해 꾸준히 나아가는 것에 가까웠다.

-다니엘 페나크의《몸의 일기》중에서.

# 암과 살아도 다르지 않다고?

## ─살아보니, 다른 것투성이다

사람들은 5년 후에 뭘 하고 있을까 늘 생각한다. 하지만 나는 5
년 후에 내가 뭘 하고 있을지 알 수 없다. 죽을 수도 있고, 그렇
지 않을 수도 있다. 건강할 수도 있다. 글을 쓰고 있을지도 모른
다. 어떻게 될지는 정말 모르는 일이다. 그러니 점심식사 이후
의 미래를 생각하는 건 시간 낭비다.

-폴 칼라니티의《숨결이 바람 될 때》중에서

암 말고도 완치를 꿈꿀 수 없는 질병은 많다. 다른 질병에 비
하면 '암'은 그나마 대중적인 질병이다. 질병이 '대중적'이라는
건 환우에겐 반가운 일이다. 의료계를 포함한 여러 분야에서 연
구가 활발하게 이루어지고 있다는 말이기 때문이다.

일명 '암 산업.' 그 말은 치료의 선택지가 넓다는 말인 동시에
돈이 된다는 말이기도 하다. 표면적으로 드러난 의료계 발전 방

향은 환우의 삶의 질 향상이다. 환우 입장에서 냉정하게 말하면, 의료계에서 주장하는 '삶의 질'과 환우 개개인이 느끼는 '삶의 질'은 일치하지 않는다. '어떻게든 목숨은 붙어 있는 것.' 이 것이 의료계가 주장하는 삶의 질 향상의 실체다. 의료계 입장에선 어떤 식으로든 환우가 살아있어야 암 산업은 더 번창하고, 그로 말미암아 막대한 경제적 수익을 창출할 수 있기 때문이다. 간단히 말하면 '삶의 질'은 결국 '돈'과 직결된다. 표현이 너무 노골적인가? 너무 경박한가?

다른 사람은 어떤지 모르겠다. 나는 병원 가기 전부터 몸에서 만져지는 멍울이 심상치 않다는 걸 직감했다. 마음 한구석 아니길 바라는 마음도 있었지만, 어느 정도 예상했고, 마음의 준비도 했던 터라 심장이 조금 쿵쾅거리고 얼굴이 화끈거린 게 다였다. 진료실 문고리 잡고 들어갈 땐 멀쩡했는데, 진료실 문 열고 나오면서 암 환우가 되었다.

서류상 다른 존재가 되었지만, 외양적으로 달라진 건 없었다. 오래전부터 암과 동고동락하는 줄 모르고 살다 공식적으로 인증받은 느낌이었다.

얼마 지나지 않아 정신적으로, 물질적으로 암 환우임을 나타내는 단서들이 곳곳에서 나타났다. 의료비가 확 줄었다. 사람들이 친절해졌다. 우대받고 대접받는 느낌이라 나쁘지 않았다. 암 환우라고 알리자 바라보는 시선이 달라졌다. 지난주까지 웃고 떠들던 사람들이 내 눈치를 살피며 말조심했다. 눈물까지 흘리며 나와 있는 시간을 고통스러워한 사람도 있었다.

살면서 맨날 위로만 해봤지 위로받기는 처음이었다. 어떤 표정으로 어떤 말을 건네야 할지 모르는 건 위로를 건네는 사람이나 위로받는 나나 매한가지였다. 내 앞에서 우는 그들 어깨를 어색한 손길로 토닥이며 웃었다. 나 괜찮아. 위로했다. 그러니까, 괜찮지 않아도 '괜찮은 척'은 그때부터 시작됐다. 격한 반응으로 나의 암을 받아들인 그들과 달리, 정작 당사자인 나는 내가 암 환우라는 걸 실감하지 못했다. 내가 위로의 대상이라니…. 위로받는 내가 생경했다. 그 낯선 상황에 몸도 마음도 경직되었다.

본격적인 치료가 시작되자 몸이 먼저 반응했다. 머리카락이 빠졌다. 빠진 머리카락을 손으로 쓸어 담을 때의 심정이란. 참담한 마음으로 빠진 머리카락 사진을 그에게 보냈다.

-드디어 시작이군.

마치 머리카락이 빠지길 기다린 사람처럼 카톡창에서 그가 낄낄거렸다. 진심 어린 위로가 뭔지 모르는 사람. 입술 부르트고 손목 나가도록 가사노동에 매진하는 게 위로라고 믿는 사람.

핸드폰을 던져버리고 거울을 봤다. 머리숱이 확 줄었다. 누가 봐도 암 환우였다.

-당연하지. 너 암 환우야.

거울 속 내가 혀를 찼다.

항암치료 끝나갈 즈음엔 손발톱 색이 달라졌다. 그 외에 드러나지 않는 증상은 나만 알았다. 치아가 흔들리고, 손발이 저리고, 발바닥 통증이 하루 24시간 지속됐다.

몸이 그 지경이 되어도 마음은 '암'을 받아들이지 못해 쩔쩔맸다. 서류상으로도, 서류 밖에서도 암 환우였지만, '암과 싸우고 싶지 않다', '암과 살아도 다르지 않다'를 목놓아 부르짖으며 몸을 점령한 암세포의 존재를 인정하지 않았다. 제풀에 지쳐 전투력 상실한 패잔병처럼 방구석에 앉아 '다르지 않다'고 주문 외우듯 웅얼거렸다. 그런 내 꼴이 우습고 한심했다.

암 환우가 되었다고 사람들 말처럼 인격이나 품성의 드라마틱한 반전은 일어나지 않았다. 밴댕이소갈딱지처럼 좁던 마음이 태평양처럼 넓어지는 일은 없었다. 세상 모든 일에 감사하지 않았고, 하루하루 살아있어 행복하다고 눈물 흘리지 않았다. 그럼 그렇지! 더 까칠해지고, 더 예민해지고, 안 그래도 흘러넘치는 감성은 더 흘러넘쳐 감당하기 버거웠다. 미워하던 사람은 더 미워했고, 용서 구하며 손 내미는 사람에겐 등을 돌렸다.

신세 한탄하며 울고 또 울었다. 쓸데없이 겁은 많아 매일 밤 악몽에 시달리며 방안을 서성거렸다. 날 이 지경으로 만든 사람을 기필코 색출하겠다고 이를 앙다물었다.

마음의 빗장 닫아걸고 폐쇄적 인간이 되어 고립을 자처했다.

어두운 방 안에서 혼자 죄 없는 사람들을 불러내 누명 씌우고 단죄하며 시간을 허비했다. 그런 날 두고 사람들은 '저러니 암에 걸리지'라고 손가락질하며 수군거렸다. 몇 번을 물어도 의사는 못된 성질머리와 암의 연관성을 부인했다. 나는 그 의사를 신뢰한다는 말로 현실을 회피했다.

이러다 늙어보지도 못하고 죽는 거 아니야? 억울하고 불안했다. 하고 싶은 걸 하다 죽고 싶었다. 어느 날은 어차피 죽을 건데 그런 게 다 무슨 소용이냐며 주저앉았다. 몸이 회복되길 기다렸다. 새로운 사람들 속으로 들어갔다. 이전의 관계로 돌아갈 엄두는 나지 않았다. 그러고 싶지도 않았다. 그러기엔 나 혼자 너무 다른 길을 걸어왔다. 무엇보다 '좋아서' 그 길을 걸었다는 확신이 없었다.

암 환우라고 밝히지 않았다. 아는 체하면 부정할 생각은 없었지만, 그런 사람은 없었다. 이상하게 맘이 편치 않았다. 마치, 적군에 잠입한 스파이가 된 기분이었다. 낄 자리가 아닌데 신분을 숨기고 앉아 있는 기분이었다. 언제 들통날까 마음이 조마조마했다. 아무도 내게 관심 없었지만, 매번 '암밍아웃'할 타이밍을 노렸다. 누구 말처럼 자존감이 낮아지니 자존심만 세졌는지도 모르겠다.

암 환우 된 게 그렇게 자존감 낮아질 일이야? 그러게, 워낙 소심한 트리플 A형이라 그런가? '다르다'를 '틀렸다'로 인식하는 사회 분위기 탓일까?

방사선 치료를 끝으로 표준치료는 끝났다. 암 환우라는 사실은 변하지 않았다. 공식적인 암 환우 딱지는 5년 동안 재발이나 전이가 없어야 뗄 수 있다. 의료비 혜택 종료와 함께….

한번 무너진 몸은 여기저기 비명을 질러대며 마구잡이로 쓰러졌다. 콜레스테롤 수치, 혈당 수치, 갑상선 호르몬, 림프부종, 다시 재발. 여기를 수습하면 다른 곳이 터졌고, 다른 곳을 수습하면 또 다른 곳이 무너졌다. 몸은 병원으로 불려 다니며 정신없었고, 마음은 휘몰아치는 회의의 광풍 속에서 '다르지 않아!' 라고 외치며 삶의 한 귀퉁이를 움켜잡고 버텼다.


암과 살아도 다르지 않다.


그건 희망 사항이었다. 막상 살아보니 다른 것투성이였다. 식단이 달랐고, 체력이 달랐고, 몸의 반응이 달랐다. 날 보는 시선이 달랐고, 관계가 달랐고, 일상의 우선순위가 달랐다. 삶의 가치와 기준, 태도가 달랐다. 삶의 형태와 질이 달랐다.

폴 칼라니티는《숨결이 바람 될 때》에서 '암은 무자비해서 삶을 만끽할 시간뿐만 아니라 기력도 빼앗는다'고 했다. '마치 경주하다가 지친 토끼가 된 기분'이라고 했다. 나도 그랬다.

더는 '다른 척'하느라 에너지 낭비하고 싶지 않다. 크하, 아직 희망사항이다. 실천은 미약하다. 다르면 다른 대로, 같으면 같은 대로, 삶은 누구에게나 가치 있다는 걸 인정하기로 했다.

암과 사는 삶은 진행 중이다. 인격의 환골탈태도 진행 중이다. 어떤 형태로든 삶이 진행 중이라는 것. 그게 중요하다. 삶의 미래 시제 안에선 달라도, 다르지 않아도 괜찮기를 바란다.

동사의 시제 역시 뒤죽박죽됐다. '나는 신경외과 의사이다.', '나는 신경외과 의사였다.', '나는 이전에 신경외과 의사였고 앞으로 다시 의사가 될 것이다.' 이 중에 대체 어떤 것이 맞을까? 그레이엄 그린은 인생은 첫 20년까지이고, 나머지 시간은 그 20년을 회고하며 보내는 법이라고 했다. 그렇다면 나는 지금 어느 시제에 살고 있는가? 현재 시제를 넘어 과거 완료 시제로 들어섰나? 미래 시제는 공허해 보이고 다른 사람들이 입에 올리면 귀에 거슬린다.

-폴 칼라니티의《숨결이 바람 될 때》중에서

# 응급실 밖에서 순환을 꿈꾸다

－삶은 흘러가야 한다

샤워할 때 질 입구에서 딱딱한 혹이 만져졌다. 크기가 작지 않았다. 등골이 서늘해지며 오싹했다. 온몸의 털이 곤두서며 소름 돋았다. 샤워기에선 뜨거운 물이 쉴 새 없이 떨어지고 있었다. 머리로 어깨로 등으로 목덜미로….

머릿속은 막아볼 새도 없이 닥쳐올 시나리오를 장르별로 써 댔다. 로맨스 멜로면 좋겠지만, 심리 호러 아니면 서스펜스였다.

뭐지? 암인가? 언제부터 있었지? 가만, 마지막 자궁 초음파가 언제였더라, 지난달 중순? 맞아.

자궁 초음파 후 담당 주치의가 '아주 깨끗하다'라는 소견과 함께 산부인과 진료 기록지를 손에 쥐어주며 동네병원으로 나를 내친 게 불과 한 달 전이었다.

핸드폰 화면을 켜고 진료앱을 터치했다. 산부인과 주치의를 선택하고 진료 가능한 날짜를 확인했다. 역시! 명성에 걸맞게 예약 가능한 날짜는 2개월 뒤 2021년 1월이라고 떴다. 1월에도 가능한 날은 달랑 3일. 그렇다면 다른 방법을 찾아야 한다.

방법을 모색하는 와중에도 마음은 다른 방향으로 쏜살같이 달아났다. 암일까? 한 달 만에 암세포가 이렇게 자랄 수도 있나? 경구용 항암제를 먹고 있는데 어떻게?

크기가 컸다. 다행인지 불행인지 통증은 없었다. 신경이 그 부위로 쏠리는 걸 막아야 했다. 다른 곳으로 시선을 돌리고 최대한 몸을 움직였다. 머리 싸매고 드러누워 있어봤자 달라질 건 없었다. 다른 일에 정신 팔리는 게 나았다. 어차피 시간은 갈 것이고, 정신건강 측면에선 혼자보단 사람들 속에 있는 게 나았다. 뭘 하지?

태연한 척 책 읽고 독서 모임에 참석했다. 뾰족해져서 쓸데없는 말을 남발했다. 굳이 안 해도 될 일을 찾아서 했다. 싱크대를 뒤지고, 옷장을 뒤졌다. 꼬박꼬박 하던 샤워도 무서워서 건너뛰고 초췌한 몰골로 책상에 앉아 불안함을 숨기고 글을 썼다.

남편에게도 알리지 않았다. 확실하지 않은 일로 미리 걱정하게 하고 싶지 않았다. 불안한 건 나 하나로 충분했다. 암 환우가 된 후 몸으로 익힌 매뉴얼이다.

어영부영, 시간이 흘렀다. 금요일 오후. 처음 혹을 인지한 건 수요일이었다. 통증이 느껴졌다.

흐… 이건 정말 뭐지? 통증은 암이 아니라는 걸까? 분명 마지막 초음파 검사에서 신경 쓸 일 없는 자궁근종 외엔 깨끗하다고 했는데. 지금이라도 병원에 가야 하나?

다음 주 종양내과 진료가 있었다. 통증이 없다면 그날까지 참아볼까 했다. 진료 후 증상을 얘기하고 산부인과 진료 예약 부탁하면 빠른 시일 내 진료가 가능할지도 몰랐다. 문제는 통증의 강도와 간격을 모른다는 거였다. 그걸 감당할 수 있는지도 몰랐다. 급기야 앉아 있을 수도, 누워있을 수도 없는 지경이 되었다. 그에게 증상을 알렸다.

-내일 일어나자마자 동네 산부인과에 가자.

-응.

조심스럽게 침대에 누워 유튜브나 보다 잘 생각이었다. 통증이 극을 향해 달려갔다. 자세를 살짝 바꿨다. 어? 통증이 가라앉고 있었다. 아하, 이 자세로 있어야겠다. 그런데 이건 뭐지?

그 부위가 축축했다.

터졌다!

출혈이었다. 속옷은 물론 바지까지 축축했다.

그다음 상황이 빠르게 진행됐다. 집에서 3분 거리 제법 큰 병원 응급실에 갔다. 산부인과 진료할 의사가 없다는 이유로 받아주지 않았다. 다니는 병원 응급실로 갔다. 차라리 거기가 나도 편했다. 진료카드 한 장이면 구구절절 설명하지 않아도 병력과 치료과정을 바로 조회하고 처리해 줄 수 있었다.

병명이 나왔다. 바르톨린샘 농양.

바르톨린샘(선)의 고름집(농양): 바르톨린샘은 질 입구에 있는 두 개의 분비샘으로 질 세정작용과 성교시 점액 분비 기능을 합니다. 바르톨린샘의 농양은 바르톨린샘의 폐쇄에 의해 샘 내부에 점액이 축적됨으로써 이곳에 종기와 같은 염증이 발생된 것입니다.(출처 : 서울 아산병원)

응급실 의사는 이미 터졌으니 별도로 처치할 건 없다며 일주일치 항생제를 처방해주었다. 꿈도 못 꾸던 산부인과 주치의 진료도 예약해줬다. 응급실을 나와 주차장으로 가는데 로비의 대형 꽃꽂이가 눈에 들어왔다. 통증과 긴장감이 사라지니 마비되었던 감각이 돌아왔다. 주차장을 빠져나와 근처를 돌아다녔지만, 그 시간까지 문을 연 약국은 없었다.

다음 날 아침.

-산부인과에 가보자.

약만 먹고 그대로 둬도 되는지 확신할 수 없었다. 그의 손에 이끌려 간 동네병원 의사는 고름은 거의 나왔고, 응급실에서 처방전도 받았으니 약 먹으면서 지켜보자고 했다. 어렵게 예약한 산부인과 진료도 굳이 갈 필요 없다고 했다. 피로가 몰려왔다. 마음은 개운했다.

바르톨린샘(선)의 고름집(농양). 전체 여성의 2%에서 발병하는 질병. 이번에도 그 어려운 확률을 뚫었다. 억세게도 나쁜 운. 나는 왜 매번 98%가 아닌 2%란 말인가.

210

암 환우로 살면서 깨달은 게 있다. 지금 내 몸과 마음은 여기 저기 막힌 곳투성이라는 것. 제대로 순환되는 곳이 있기는 한 걸까. 이번에도 바르톨린 내부 점액이 나오는 부위가 막혀서 생긴 일이다.

이럴 때마다 삶의 자세를 돌아봤다. 끔찍한 자기검열. 갈등과 다툼을 싫어해 '웬만한' 몰상식이나 불이익과는 타협했다. 아니, '웬만하지 않아도' 대충 받아들였다. 투쟁과 협상보다는 한발 물러서는 걸 택했다. 정의로운 척했지만, 앞에선 끽소리 못하고 뒤에서 구시렁대는 스타일이었다. 시시한 삶이었고, 시시한 사람이었다.

암이라고 했을 때도 세상을 향해 욕을 퍼부어댔지만, 그때뿐이었다. 금방 상황을 받아들이고(안 받아들이면 어쩌겠는가!) '감사합니다'를 입에 달고 사는 예의 바른 환우가 되었다. 받아들이기 힘든 상황과 마주할 때마다 나는 몇십 년 도(道)에 정진한 사람처럼 굴었다.

나만 피해 가는 불운 따위 없다. 모든 일은 일어날 수 있다. 기도문 외우듯, 염불 외우듯 중얼거렸다. 희망보단 포기하는 쪽을 택했다. '괜찮겠지'보단 '괜찮지 않아도 괜찮아'라는 말로 나를 달랬다.


내 안의 모든 것들이 발산하지 못하고 안으로, 안으로 모여들어 썩고 있는 것도 모르고, 세상 다 산 사람처럼 굴었다. 세포들이 비명을 지르고, 통증으로 호소해도 참았다. 결국, 오늘처럼 모든 게 터진 후에야 상처를 돌아보고, 원인이 뭔지 살피며, 나를 챙겼다.

살아있는 모든 건 흘러가야 한다. 순환되어야 한다.

나는 그걸 받아들이지 못했다. 과거에 집착했고, 일어나지 않은 미래의 어느 날 때문에 밤잠을 설쳤다. 요즘 마음은 '글'로 흘려보냈다. 몸은 의학에 맡기고 검사로, 약으로, 수술로 흘려보냈다.

삶은 흘러가야 한다. 나는 순환을 꿈꾼다.

# 오늘은 꼰대 환우입니다

-처량한 암 환우의 하루

비가, 밤새 내렸다. 오랜만의 빗소리라(100년 만의 기록적인 폭우라고 했다) 어찌나 달달한지 잠을 설쳤다. 병원 진료가 있는 날이었다. 진료 두 시간 전 채혈이라 금식이었다.

등교하는 아이 손 잡고 집을 나섰다. 일부러 아이와 지하철역까지 동행했다. 요즘 부쩍 안겨 오는 아이. 출근 시간 지하철은 오랜만이라 무서웠다. 두 대를 그냥 보내고 그나마 좀 끼여 탈 수 있는 칸을 골라 올라탔다. 갈아탈 땐 환승역이라 좀 나았다.

지하철에서 내려 갈아탄 버스는 문이 닫히지 않을 정도로 만원이라 승객을 태우지 않고 몇 정거장을 그대로 통과했다. 차창 밖은 어두웠고, 쉴 새 없이 들이치며 흘러내리는 빗물 때문에 밖이 보이지 않았다. 가방에서 안경닦이를 꺼내 뿌옇게 김이 서린 안경을 닦아내니 숨이 좀 쉬어졌다(무슨 논리?).

드라이브 삼아 오던 병원 길이 대중교통을 이용하니 고생길

213

이 따로 없었다. 크, 추적추적 내리는 빗속에 떨어진 낙엽 지르밟으며 낭만에 취하려던 꿈은 와장창 깨졌다.

병원은 입구부터 코로나19로 통제가 한층 삼엄해졌다. 줄 서서 회전문을 통과하자 직원과 환우, 보호자로 구분해서 줄을 세웠다. 사전 문진표 작성했다는 확인 문자 보여주고, 체온 재고 손 소독까지 마치자 비로소 출입증에 해당하는 동그란 '초록 스티커'를 붙여줬다(이 스티커는 요일마다 색깔이 달랐다). 이건 뭐 약간 과장하면 SF영화의 한 장면 같다.

하아~.

숨 돌리고 병원 건물에 들어서니 제일 먼저 대형 크리스마스트리가 반겼다. 벌써? 지난 토요일 응급실에 다녀갈 때 본 대형 국화 꽃꽂이도 싱싱해 보이던데, 아까비!

이 병원에서 네 번째 보는 크리스마스트리다. 어째 매년 디자인이 똑같아 보인다. 재활용? 핸드폰 속 앨범을 뒤져보니 아주 똑같은 디자인은 아니다. 디자인 변주 정도? 채혈하고 접수하고 체중과 혈압 측정 후다닥 끝내고 카페에 앉아 창밖 풍경 보며 녹차를 한 잔 마셨다. 이제 진료 시간까지 뭘 할까….

비 내리는 밖으로 나갔다. 외투에 붙여놓은 '초록 스티커' 꼭꼭 한 번 더 눌러주고!!

평소에 빈자리 찾기 힘들 정도로 붐비던 야외 벤치는 밤새 쏟아진 비에 떨어진 낙엽만 뒹굴고 있었다. 아침에 병원 올 때 잡으려다 망친 분위기 잠깐 잡아볼까나? 아는 나무 이름을 속으로 부르며 천천히 걸었다. 미스김라일락, 산수국, 병아리콩나무, 팥배나무, 계수나무, 모감주나무, 단풍나무….

오늘 종양내과 진료는 주치의 대신 전공의 진료였다. 굳이 전문의와 전공의를 구분하진 않았는데, 뭐 물어보긴 만만했다. 오늘도 사람으로 바글거리는 종양내과 대기실. 3년을 보고도 절대 익숙해지지 않는 풍경이다.

'2미터 거리두기'가 뭔가. 여기가 동네 시장인지 병원인지 숨이 턱턱 막혔다. 창가 쪽 의자에 빈자리가 보이자마자 총알같이 달려가 앉았다. 김승옥의 《무진기행》을 가방에서 꺼냈다. 하 선생과 윤희중이 밤길을 걷는 장면까지 읽고 창밖을 보며 멍때리는데 진료실 앞에 대기하라는 카톡이 왔다. 지척 거리 환우에게 안내 메시지를 전송하는, 인간미라곤 요만큼도 없는 친절을 가장한 효율적 시스템. 최첨단 과학기술의 낭비 사례.

–오늘은 무슨 일로 방문하셨나요?

–네? 약 처방받으려고(아이구, 의사 선생님아. 질문이 어째… '잘 지내셨나요?'라고 물어야죠).

–응급실도 다녀가셨네요?"

–네. 바르톨린 농양 때문에 응급실 다녀갔고, 그날 응급실에서 이미 터졌다며 달리 처치할 게 없다고 항생제를 처방해 줬어요. 아, 산부인과 주치의 진료도 화요일로 예약해주셨죠. 그런데 화요일까지 그냥 둬도 되는지 불안해서 동네 산부인과에 갔었

어요. 거기서 굳이 화요일 진료 안 가도 될 거 같다고 해서 예약 취소하고, 처방해준 항생제 먹었는데 구토랑 설사 증상 때문에 중단했어요. 다시 동네병원에 가서 증상 얘기하고 다른 항생제로 바꿔 달라고 했는데(모니터 보면 되는데 굳이 꼬깃꼬깃 접어 간 처방전을 펼쳤다. 궁상맞기가 딱 시골 할매다!), 약을 좀 줄여보자고 해서 세 알을 한 알로 줄였는데, 다시 설사와 구토 증상이 계속 돼서 중단했어요. 왜 그런 거죠? 항암 약 때문에 체력이 떨어져서 그런 건가요? 지금까지 항생제 먹고 이런 적 없었거든요.

중간중간 의사 선생님의 추임새가 있긴 했지만, 만 3년 병원 다니면서 이렇게 준비 없이, 이렇게 많은 말을, 이렇게 짧은 시간에, 이렇게 막힘없이 쏟아낸 적은 내 기억으론 없다. 말하고 나서 '나 뭐지?' 하고 생각했을 정도였다. 심각한 나와 달리 너무 평온한 의사 표정.

-몇 번이나 토하셨나요?

-한… 두세 번?

-그 정도면 괜찮은데요?

-네?

더 나올 게 없을 정도로 토했고, 토한 후 기진맥진해 아무것도 못 하고 해롱대며 주말을 통으로 날려버렸는데, 그 정도면 괜찮다? 괜찮다는 기준은 뭐고, 도대체 누가, 무엇이 괜찮다는 건가? 흐미….

-다섯 번 정도 토해야 심한 거거든요.

-네? (증상의 판단 기준은 '깊이'보다 '횟수?')

-그 정도면 그냥 드셔도 되는데….

-다른 약으로 처방해 주시면 좋겠어요.

믿기지 않겠지만, 의사가 괜찮다는데 내 의견을 피력한 건 오늘이 처음이다.

-음, 그러시면 약 바꿔드리고, 구토억제제도 함께 처방해드릴게요.

-네. (이제 좀 평상시의 '나'로 돌아왔다. 예의 바른 환자)

-오늘 호중구 수치는 안 좋아요. 항암제는 다음주에 수치 보고 처방할게요.

그거야 뭐 이미 수치 확인하고 예상했던 일이다.

-네. 근데, 산부인과 진료 안 봐도 될까요? 동네 산부인과에서는 아주 약간 남아 있어서 약으로 없애야 한다고 하는데, 약을 못 먹고 있으니….

-이런 경우, 보통은 괜찮거든요. 그런데 지금 몸 상태 때문에 불안하시면 산부인과 진료 잡아드릴 수 있어요.

-(잠시 망설이다) 어차피 다음주에 와야 하니까, 크기 변화보고 말씀드릴게요. (오, 주체적 환자!)


진료실 밖에서 내가 나오기만 눈 빠지게 기다리고 있을 다른 환우분들 계시니 이쯤에서 끝내자.

나왔다가 다시 문 열고 들어가 질문을 하나 던졌는데, 당최 기억이 안 난다. 흑. 한번 나온 진료실 문 벌컥 열고 다시 들어 갈 정도면(이런 행동도 처음이었다) 중요한 질문이었을 텐데, 어쩜 이렇게 기억이 안 날 수가!

슬슬 밥이나 먹어 볼까. 지하 식당 코너로 갔다. 함께 오지 못한 그가 전화로 '차돌박이 짬뽕'으로 메뉴를 정해주심! 자리도 창가로 지정해주심! 이건 잔소리인가, 관심인가? 알았다 하고 그 중국집으로 걸어갔다. 갈비탕이랑 도가니탕 파는 음식점에서 내건 홍보 포스터 속 '돈육 김치찜'을 발견하고 발길을 돌렸다. 사진상으론 괜찮아 보였다. 그가 지정해 준 창가 자리는 만원. 일단 다른 자리에 앉았다. 조금 있다 빈자리를 발견하고 손 들고 옮겼다. 오. 나에게 이런 적극적인 면도 있었어?

주문한 음식이 나왔다. 이게 정말 거금 12,000원이라고? 하마터면 욕 나올 뻔!

돈 아까워서 맛없는 음식 꾸역꾸역 먹는 거 진짜 별론데…. 중간중간 반찬으로 나온 숙주나물 무침과 메추리알 장조림으로 입가심하며 먹었다. 이게 지금 뭐 하는 거야. 확 짜증이 밀려와서 수저를 내려놨다.


좀 일찍 방사선 종양내과 진료 접수하고 대기실에 앉아서 살짝 졸다(이럴 거면 무겁게 책은 왜 들고 온 건지) 가운으로 갈아입고 진료실 앞에 앉았다. 1년 만에 만나는 방사선 종양내과 주치의. 작년 이맘때 가장 먼저 재발을 의심하고 조직검사하면 좋겠다고 의견을 주신 분이다. 그때, 유방외과 주치의에게 미루지 않고 그분이 바로 의뢰를 넣었더라면 지금 내 상황이 달랐을까? 쯧쯧, 쓸. 데. 없. 는, 생. 각.

내 차트를 한참 들여다보는 의사. 1년 만의 재회니 그간의 사연이 좀 많았어야지. 이해했다.

-음, 1년 만에 오셨네요?

-네.

-그동안 잘 지내셨나요?

-(아니, 방금 내 차트 읽은 거 아니야? 왜 모른 척이야? 내 입으로 듣길 원하는 거야?) 아니요. 재발해서….

-재발이요?(다시, 모니터를 보는 주치의. 아니, 보는 척인가?) 그러셨네요. 그래서 계속 CT를 찍으셨군요. 7월에도 하시고, 10월에도 하시고….

-네. 작년 이맘때 선생님이 재발 의심된다고 조직검사를 했으면 하셨는데, 다른 과 선생님들이 보시고 괜찮다고… 초음파를, 그러니까, 초음파를… 아무튼, 계속 초음파 검사를 해도 이상 없다니까 그냥 넘어갔죠. 그러다 6월에 유방외과 선생님이 재발 맞다고 하셔서… 초음파로는 알기 어려운가 봐요.

-그러네요… 그랬네요.

-종양표지자 수치도 계속 정상으로 나오고….

-종양표지자 수치는 온몸에 종양이 퍼져야 수치가 좀 나오는 검사라….

-나중에야 그렇게 말씀하시더라고요. 피부에서 진물 나는 걸 보고도 초음파는 이상 없다고 하니까….

-이런 경우 눈으로 보는 게 더 정확할 수도 있는데….

-그러니까요….

-음… 그건 이미 다 지난 일이고요, 앞으로 치료가 중요하니까요. 차트를 보니 다행히 지금 복용하고 있는 항암 약이 잘 맞아서 증상이 호전되고 있네요. 방사선 치료는 이미 한번 한 부위라 다시 그 부위에 할 필요는 없을 거 같고요. 다음 오실 일정은 잡지 않을게요. 종양내과에서 진료하시다 방사선 치료가 필요하다고 판단되면 그때 일정 잡고 오시면 됩니다.

-네….

그렇게 나는 오늘 방사선 종양내과에서도 버려졌다.


처방전 뽑아 밖으로 나오니 비는 그치고 바람이 강하게 불었다. 약국 봉고차를 타고 약국으로 갔다. 약을 받자 이번에는 봉고차가 근처 지하철역까지 데려다줬다.

구성진 트로트가 왕왕 울려 퍼지는 봉고차 안, 나이 지긋한 운전기사 아저씨는 감상에 젖은 건지 콧물이 흐르는 건지 휴지를 뽑아 들고 어느 타이밍에 눈물인지 콧물인지 훔쳐낼까 망설였다. 노란 은행잎이 쏟아져 내린 비 그친 거리. 우산으로 바람과 씨름하며 비 그친 보도블록을 걷는 어린아이. 처량한 거리 위로 처량한 사람들이 걸어가고, 처량한 트로트를 듣는 나이 지

굿한 운전기사가 운전하는 처량한 봉고차에 실려 가는 처량한
내 신세.

집에 돌아와 죽은 듯이 서너 시간 잤다. 그림자처럼 아이들
이 내 주위를 맴돌다 사라지고 다시 나타났다. 겨우 정신 차리
고 일어나 받아온 약봉지를 정리했다. 둘둘둘둘, 끝도 없이 감
긴 약봉지. 작은 상자에 든 캡슐. 플라스틱 통에 담긴 알약.


이미 다 지난 일이고요.


그 말이 머릿속을 맴돌았다. 그래, 이미 다 지난 일이다. 앞으
로 올 날이 어떨지 가늠할 수 없다. 그렇다면 남은 건 지금 내가
서 있는 여기, 바로 지금이다.

어쩌면 내 인생 최고의 순간은 이미 지나온 어느 순간이 아니
고, 아직 오지 않은 어느 순간도 아닌, 지금 바로 이 순간이 아
닐까!

# 드디어 한량인데, 왜 행복하지 않죠?

## -살아만 있으라 했다

아무것도 하지 마.

그냥 너는 건강하면 돼.

살아만 있어.

2017년 10월 16일. 항암치료가 '느닷없이' 시작됐다. 암 환우가 되었다. 공식 '한량'이 되었다.

'치열'까진 아니어도 나름 분주하게 살았다. 어제까지 숨가쁘게 몰아치던 일상이 급브레이크를 밟으며 멈췄다. 고장난 시계처럼 거꾸로 흐르는 시간. 일상의 촘촘한 그물이 헐거워졌다. 그 사이로 공허함이 종일 들락거렸다.

아침마다 가족들 식사와 출근 준비, 아이들 등교 준비를 동시에 하느라 제정신이 아니었다. 맛을 느낄 새도 없이 허겁지겁 배를 채우고, 아이들을 챙기고, 거울 앞에서 쓱쓱 화장하고 집을 나섰다. 퇴근 후엔 집에서 기다리고 있을 아이들 생각에 발걸음이 빨라졌다. 그땐 늘 시각을 확인하며 종종거렸다. 경보 선수처럼 뛰는 듯 걷는 듯 시장에 들러 저녁거리를 샀다. 옷도 갈아입지 못하고 아이들과 저녁을 먹고 나면 잘 시간이었다.

아이들은 침대에 누운 나와 이야기하고 싶다고 매달렸지만, 나는 끔뻑끔뻑 눈이 감겼다. 주말에 늦잠 자며 부족한 잠을 보충했지만, 잠깐 콧바람이라도 쐬고 오면 산더미처럼 밀린 집안일이 기다리고 있었다. 콧바람은 또 다른 형태의 노동이었다.

집에 있는 주말이면 재래시장, 대형마트를 돌며 냉장고를 채웠다. 일주일치 반찬 만들고, 외식 싫어하는 그를 위해 삼시 세끼 차리다 보면 월요일이었다. 쉬는 것도 '일'이었고, 노는 것도 '일'이었다. 아이들은 나와 이야기하길 바랐다. 나는 다음날 걱정 없이 밤새도록 눈알 빠지게 책 읽고 영화 보고 싶었다.

그(남편)는 어떻게 살고 있는지 안부도 묻지 못했다. 아무 감흥 없는, 심드렁한 날들의 연속이었다.

내가 원한 삶이 이런 건 아닌데… 왜 내 삶의 기준이 다른 사람의 삶이고 행복일까. 그 누구도 행복하지 않은 이 삶의 형태를 왜 기를 쓰고 따라 할까. 너만 그런 거 아니야. 다들 이렇게 살아. 그러니까 왜, 무엇 때문에, 누구를 위해서 우리 모두 불행을 자처하는 거냐고?

암 환우가 되자 일상의 모든 의무에서 면제되었다. 일상 밖으로 날 튕겨버린 암세포. 아침에 늦잠 자도, 온종일 누워있어도, 가족 모임에 불참해도, 연락이 뜸해도, 뾰족한 말 쏟아내도, 아무것도 하지 않아도 괜찮았다. 더 자라고, 더 누워있으라고, 아무것도 하지 말라고, 쉬라고, 살아만 있으라고 했다. 그럴 때마다 뭘 하면서, 어떻게 '살아있어야' 하는지 몰라 황망했다.

드디어 꿈에 그리던 '한량'이 되었지만, 행복하지 않았다. 본격적인 치료가 시작되자 체력은 곤두박질쳤다. 한량 짓은 꿈도 못 꿨다. 기준을 한껏 낮췄다.

건강하게 살아있기!

삶의 목표이자 목적이 되었다. 재발이 확실해지던 날, '건강하기'는 버렸다. 오직 '살아있기'에 집중했다. 아닌 척했지만 무너지고 있었다. 흔들리고 있었다. 몇 개월 지난 오늘에서야, 그때 눌러뒀던 슬픔이 높은 파도가 되어 덮쳐왔다. 네 시간 숲에서 노닥거리고, 네 시간 책 읽고 영화 보고, 네 시간 글 쓰는 일상이 재발과 함께 술렁이며 삐걱거렸다. 그럭저럭 의미 부여하며 재미 붙여가던 한량 짓도 중심을 잃었다. 균형이 깨지며 시들해졌다. 또다시 모든 게 무의미했다.

이게 다 무슨 소용이야! 좌절했다.

될 대로 되라지. 마음이 험악해졌다.

읽던 책을 덮어버렸다. 닥치는 대로 아무 영화나 보다 잠들었다. 날짜까지 세며 드나들던 숲을 이런저런 핑계 대며 멀리했다. 사진 찍으며 챙기던 식단도 내팽개쳤다. 라면도 먹었다. 치킨도 먹었다. 만두도 먹었다. 과일도 마구마구 먹었다. 꼬박꼬박 챙기던 진료일은 알림 문자를 받고서야 알아챘다. 일정 설명하던 간호사가 눈치 주면 그제야 정신 차리고 집중했다. 대기실 복도를 미처 빠져나오기도 전에 방금 들은 말은 다 흘려버렸다.

암이라고 했을 때, 재발이라고 했을 때, 사람들은 참 쉽게 말했다. 사람들 말을 뭘 그렇게 신경 쓰냐고? 나는 그런 사람이다. 그것까지 부정하기 싫다. 나는 그런 말을 한 귀로 듣고 한 귀로 흘려버릴 수 있는 사람이 아니다. 내가 그냥 그런 사람인 걸 어쩌란 건지. 이젠 또 그것까지 고치라고 충고하는 사람들 눈엔 지친 내가 보이지 않는 걸까? 나는 또 그 말에 주눅들었다.

그깟 일로 왜 울어? 견디고 또 견뎌야지. 애들을 생각해.
이 정도인 게 얼마나 다행이야. 감사하게 생각해.
참아야지. 원래 삶은 버티고 버티는 거야.
너만 그런 거 아니야.
잃는 게 있으면 얻는 것도 있어. 봐, 아파서 얻은 게 많잖아.

구구절절 맞는 말. 고개를 끄덕였다. 슬픔이 새어 나올까 입을 틀어막고 감사하다고, 다행이라고, 행복하다고 말하고 나를 속였다. 괜찮지 않아도 괜찮다고, 대수롭지 않은 일이라고 다독였다. 덤덤한 척했다. 강한 척했다. 아파도 행복하다며 나를 속이고 타인을 속였다. 꾹꾹 나를 눌렀다.

변한 건 없었다. 아픈 후에도 미련했다. 타인의 시선에서 벗어나지 못했다. 정말 하고 싶은 말은 묻어두고 울음은 삼켰다.

당신 일이라도 그깟 일이라고 말할래요?
아파서 얻는 게 많으면 당신도 한번 아파볼래요?
당신이 견디지 못하는 걸 나라서 견디는 거라고요?
그렇게 말하는 당신, 자신을 너무 과소평가하는 거 아닌가요?
울지 말라고요? 억지로라도 웃어야 좋은 일이 생긴다고요?

차라리 소리 내 엉엉 울라고 말해줘요. 당신 어깨 한쪽 내어주며 거기 기대어 실컷 울라고.

우리는 문을 걸어 잠그고 우리가 아는 욕을 소리쳐야 해. 그건 좋은 거야.

         -영화 〈인사이드 아웃〉 중에서

그토록 원하던 한량이 되었다. 행복하지 않았다. 내가 가진 행복은 보잘것없고 초라했다. 다른 사람은 거들떠보지 않고 버린 행복 찌끄러기 주워든 채 세상 다 가진 기쁨을 강요받는 내가 안쓰러워서 눈물 났다. 행복한 나, 건강한 나도 소중했지만, 불행하고 두렵고 슬프고 우울한 나도 소중했다. 영화 〈인사이드

아웃〉처럼 내 안의 '슬픔'이 소중했다.

사람들은 자꾸 나를 다그쳤다.

이래도 행복하지 않다고?
이래도 감사하지 않다고?
이래도 다행 아니라고?

그들이 말하는 행복이 뭔지, 감사함이 뭔지, 다행이 뭔지 와 닿지 않았지만, 딱히 부정하지 않았다. 옳고 그름을 따져서 뭘 하겠는가.

바르톨린 농양이 할퀴고 지나간 몸 회복하느라 일주일을 침대 위에서 보냈다. 그깟 항생제 한 알 받아들이지 못하는 게 화딱지 났지만, 늘 하던 대로 금세 나를 진정시켰다. 암이 아니라 다행이라고, 별일 아니라서 행복하다고, 이 정도라서 감사하다고, 마음의 재생 버튼을 꾹 눌렀다.

침대에 누워서 '브런치' 돌아다니며 사람들 글을 읽었다. 쓰는 데 정신 팔려 미처 읽지 못했던 다양한 세상과 삶이 거기 있었다. 어떤 이야기는 웃겼고, 어떤 이야기는 슬펐고, 어떤 이야기는 감동적이었고, 어떤 이야기는 깊은 공감을 불러왔다. 어쩜 이렇게 다들 글을 잘 쓰는지. 마음은 몸의 지배 아래 있다는 걸 증명하며 자존감이 뚝뚝 떨어졌다.

병원 지하식당 음식이 맛없다고 투덜거린 내 글을 읽은 구독자 한 분이 부럽다는 댓글을 남겼다(그분은 오랜 기간 입원 중이다). 그 댓글을 읽고 오래전부터 참아왔던 울음이 터졌다. 꾸역꾸역 먹던 그 음식이 누군가는 부러울 수도 있구나. 미안함에 목이 메었다. 마지못해 삼켰던 행복과 감사함과 다행이 손에 잡혔다. 내 불행 앞에서 자신이 가진 행복 세어보던 사람들을 경멸했다. 그들과 내가 다를 게 뭐란 말인가. 쉴 새 없이 눈물이 흘렀다.

내 방 침대 위에서 잠들고 깰 수 있어서 행복한 걸 몰랐다. 아이들과 한 식탁에서 밥 먹을 수 있어서 감사한 걸 몰랐다. 두 발로 걸어서 숲에 드나들 수 있어서 다행인 걸 몰랐다.

드디어 한량이 되었다. 바람직한 한량, 완벽한 한량 따위가 고작 꿈이고 목표다. 몸이 무너지니 마음도 무너졌다.

한량 같은 소리! 그딴 게 다 뭐야. 집어치우자. 무기력하고 고약해졌다. 글 써서 감정 흘려보낸다고 뭐가 달라져? 어떤 태도로 살아도 삶은 회의적이었다.

도대체 살아있으려면 뭘 어떻게 해야 한단 말인가. 오늘은 그냥 좀 울고 싶다. 흑.


울음은 인생의 문제에 너무 얽매이지 않고 진정하도록 도와줘.
울음은 내가 속도를 좀 늦추고 삶의 문제들의 무게에 대해 생각하도록 도와줘.

-영화 〈인사이드 아웃〉 중에서

# 희망과 절망 그리고 기적

## -2021년을 욕망한다

종양내과 진료 후 경구용 항암제 입랜스 6차 복용을 시작했다. 입랜스 복용 간격은 4주다. 3주 복용 1주 휴식. 정상적으로 복용했다면 6개월 차다. 매번 호중구 수치가 기준미달이라 한 주씩 뒤로 밀렸다. 종양내과는 4주에 한 번. 재활의학과, 가정의학과, 내분비내과는 3개월에 한 번 진료가 있다.

모든 진료는 종양내과 진료일 기준으로 일정을 통폐합한다. 누가? 내가!

재활의학과를 뺀 다른 진료는 모두 채혈이 필요하다. 진료일을 조정해서 채혈을 최대한 줄이는 것이 진료 통폐합 프로젝트의 목적이다. 그 과정에서 의사가 바뀌기도 한다. 종양내과와 재활의학과만 주치의를 고집한다. 다른 진료과는 개의치 않는다. 일정 변경은 일일이 진료과 접수처에 찾아가거나 원무과 수납창구에서 조정한다. 번거롭다고 생각한 적 없다. 채혈을 한

번이라도 줄일 수 있다면 1만 보를 걸어도 괜찮다.

이번엔 종양내과 진료만 있었다. 진료 후 2021년 1월 종양내과 진료 일정이 나왔다. 그 일정에 맞춰 1월에 예정되어 있는 다른 진료 일정을 조정했다.

오전 8시 집에서 출발-8시 30분 병원 도착-채혈. 몸무게, 키 측정-혈압 측정-도착 확인-아침식사-호중구 수치 기준미달-절망-복용 간격 '3주 복용 2주 휴식'으로 조정.

125mg으로 시작했던 입랜스 용량은 100mg으로 조정되었다. 용량을 낮췄지만, 호중구 수치는 오르지 않았다. 다시 75mg으로 낮췄다. 호중구 수치는 변함없이 바닥. 주치의는 '3주 복용 1주 휴식' 패턴을 '3주 복용 2주 휴식' 패턴으로 조정하자고 했다. 내 의견은 묻지 않았다. 통보였다.

병원에 올 때마다 무력감에 빠졌다. 내 몸은 내 것도, 의사 것도, 병원 것도 아니었다. 주인을 잃은 몸.

-그렇게 복용해도 (항암제) 효과가 있나요?

-다른 분들도 그렇게 하세요.

내가 참 좋아하는 종양내과 선생님. 이럴 때마다 참 마음이 그렇다. '다른 사람도 그렇게 한다.' 내 질문에 대한 대답이 맞나? 내 질문은 간단하다. 효과가 있나요? 선생님의 대답도 간단하다. '효과 있다.' 또는 '효과 없다.' 그 대답을 왜 이렇게 애매모호하게 할까? 다른 사람들도 그렇게 하니까 효과가 있다는 건지, 효과는 없지만 다른 사람들도 그렇게 한다는 건지 헷갈렸다. 효과가 애매모호하다는 말을 돌려 말했는데, 눈치 없는 내가 알아차리지 못했나?

의사들은 희망에 인색했다. 안다. 알지만 서운하고, 이해하지만 서글펐다. 감정은, 이성은 물과 기름처럼 서로 섞이지 못하고 겉돌았다.


2019년 크리스마스는 우울했다. 병원에 갈 때마다 '재발'이라는 말이 심각하게 오고 갔다. 주치의도, 최첨단 기계도 재발한 암세포를 잡아내지 못했다. 사람과 기계가 한통속이 되어 눈에 뻔히 보이는 암을 딱 잡아뗐다. 혼자 그 불안을 견뎠다.

-그때 크리스마스엔 정말 우울했는데, 그게 벌써 1년 전이네.

-왜?

-엄마 재발이라고 해서.

-그런데?

-재발이 맞았지. 그땐 몰랐지만.

-재발했어?

-응. 그래서 엄마 7월에 수술했잖아.

-아… (표정이 굳어가는 둘째 아이) 그럼 머리 다시 빠져?

-아니. 이 약은 안 빠져.

아차, 싶었다.

함께 장을 봐 준비한 크리스마스 만찬을 먹으며 영화를 봤다. 아이들은 영화를 더 보고 싶다며 빔프로젝트를 갖고 방으로 들어갔다. 그와 나는 테이블에 앉아 각자 일을 했다. 산타도 선물도 파티도 없는 크리스마스지만, 깔깔거리며 재밌는 영화 보고, 맛있는 음식을 함께 먹으며 즐거웠다.

우리는 안다. 지금, 이 순간이 얼마나 소중한지!


종양내과 진료실 벽을 따라 두 개의 액자가 걸려 있다. 채혈 마치고 진료까지 시간은 남아돌고 딱히 할 일은 없어 병원 여기저기 배회하던 어느 날, 걸음을 멈추고 그 벽에 걸린 액자를 오래 봤다. 환하게 웃는 사람의 사진이 시선을 잡아끌었다. 암을 이겨낸 사람들 이야기.

항암치료 중일 때였다. 3주에 한 번 항암 주사 맞으러 병원에 왔다. 그분들 이야기는 마음에 희망을 주입했다. 몸엔 암세포와 정상세포를 구분하지 않고 죽이는 항암제 투약, 마음엔 근거 없는 희망의 인공호흡.

희망 자체는 나쁘지 않았다. 가능성 희박한 희망이 절망의 씨앗과 함께 주입되는 게 문제였다. 희망을 잃은 어느 날, 마음속에서 싹을 틔운 절망은 무섭게 자랐다.

바싹 마른 불길한 기운 맴도는 종양내과 대기실. 그 액자 속 환우의 표정과 비교되는 종양내과 대기실 속 환우들의 표정. 환함과 음울함의 극적 대비. 오랜 투병 생활로 환우들의 욕망과 희망, 절망, 슬픔의 형태와 질량은 균일해졌다.

환우들은 욕망을 버린 금욕주의파와 그럼에도 불구하고 미뤄둔 욕망을 실현하는 탐욕주의파로 나뉘었다. 금욕주의파 표정은 평온하지만 섬뜩했다. 탐욕주의파 표정은 활기찼지만, 인공의 냄새가 진동했다. 과다한 희망 주입이 불러온 부작용. 그 어느 '파'도 아닌 나는 바로 옆 쾌적하고 조용한 '암 통합 진료과'에서 시간을 보내다 진료 시간에 맞춰 대기실로 이동한다.

진료를 마치고 온 밤, 가벼운 영화를 보고 싶었다. 말도 안되게 희망적인 영화…. 영화 〈시크릿 더 무비: 간절히 꿈꾸면〉은 내레이션으로 시작했다.

인생을 사는 방식은 오직 두 가지뿐이다. 세상에 기적은 없다고 믿으며 살 수 있고, 세상만사가 기적이라고 믿으며 살 수도 있다.

영화 중간에 이런 대사가 나온다.

뭘 원하는지도 모르면서 원할 수는 없잖아?

뭘 원하는지 모르는 걸까, 아니면 원하는 걸 모른 척하는 걸까?

암 환우가 된 이후 욕망은 누르고, 희망은 거부하고, 기적은 부정했다. 수도승처럼 살았다. 2017년 8월에 암 환우가 된 후 내 인생에 2020년 크리스마스는 존재하지 않았다. 그때 이후 '오늘'이 아닌 '미래'는 판타지였다. 2021년 크리스마스. 그날을 희망해본다.

절망할 거라고? 그래도 어쩔 수 없다. 3년 전, 2020년 크리스마스는 기적이라며 절망했었다.

역사는 실수를 개선하며 앞으로 나아가고 진화한다. 한 개인의 역사도 다르지 않다. 같은 실수 반복하기 싫다. 절망을 미리 부르지 않기로 했다.

2020년 크리스마스. 산타도 선물도 파티도 생략한 날 기적을 희망해본다. 크리스마스니까!

금욕주의파인 척했지만, 나는 사실 탐욕주의파였다. 욕망덩어리였다.

# 내 안에 욕망 있다
-계획적 인간으로 거듭나기

-내 안에 너 있다.

아니, 아니! 내 안에 욕망 있다. 욕망 커밍아웃.

'욕밍아웃' 이후 마음이 편해졌다. 극구 부인하던 내 안의 욕
망 아가들을 인정하고 나니 욕망을 향해 달려 나가는 내가 불편
하지 않았다. 욕망덩어리라고 손가락질해도 '응, 나 그런 사람이
야!' 눈치 보지 않아도 되니까 홀가분했다. 무염식만 먹다가 소
금 간을 한 느낌? 일상이 짭짤해지면서 맛있다.

난 좀 모순적이다. 허구한 날 계획 세우면서 무계획이 계획이
라고 말했다. 계획적 한량으로 사는 게 인생 유일의 목표고 꿈
이었다. 암 환우에게 적합한 목표고 꿈이었다. 암 환우와 한량
은 찰떡궁합이었다. 계획적으로 책 읽고, 영화 보고, 산책하면서
살았다. 그 생활에 불만 없었다. 재발한 암, 고 녀석만 빼면!

어린 시절, 냄비 뚜껑 엎어놓고 커다란 동그라미를 그리고 나서 칸 나누며 해야 할 일과 하고 싶은 일을 적는 방학 생활계획표 만들기는 완전 취향 저격이었다. 색색의 크레파스 가져다 놓고, 엉덩이 높이 쳐들고 엎드려 알록달록 이쁘게 꾸며 벽에 붙인 다음 다가올 방학 알차게 보내리라 다짐했다. 딱 거기까지!

실천은 다른 세상 이야기라며 나 몰라라 뒷전이었다. 나는 그리고 꾸미는 걸 좋아하고 문구류를 사랑했을 뿐이었다. 계획과 실천은 안중에도 없었다. 이따금 기획과 아이디어는 출중했다. 추진력과 지구력이 달렸다. 누군 그러더라. 3일에 한 번 작심하면 된다고. 흠. 나쁘지 않은데? 타고난 게으름과 끈질긴 회유는 엎치락뒤치락하며 충돌했다.

나란 인간은 참 '허투루' 사는 부류였다. 멍때리는 거 좋아하고, 싫증 잘 내고, 모험 싫어하고, 누워있는 거 좋아했다. '쓸데없음의 쓸 데 있음'을 주장하며 한없이 쓸데없이 살았다. 돈 안 되는 일만 골라 쫓아다녔다. 돈이 될락 말락 하면 삼십육계 줄행랑쳤다. 일은 벌여놓고 수습은 안 하는?

관계도 다르지 않았다. 나를 거들떠보지 않으면 하트 뿅뿅 눈빛 발사하며 따라다니다가 상대가 관심 보이면 돌아섰다. 연애 타입은 주로 짝사랑이었다. 골치 아프게 밀당하지 않아도, 귀찮게 꾸미고 나갈 일도, 감정 소모할 일도 없어서 맘에 들었다. 양다리? 여섯 다리라고 누가 뭐라 하겠나! 스무 다리도 가능했다. 아침엔 그 아이를, 오후엔 저 아이를, 밤엔 이 아이를 향해 마음을 열었다. 어쩌다 누가 나를 좋아한다고 고백하면 멀쩡한 사람 스토커 만들어놓고 도망 다녔다.

연애는 의지와 용기 있는 부지런한 자들의 몫이었다. 의지? 용기? 부지런? 나와는 너어~무 먼 단어다. 엥? 나 모순적 인간 아닌데? 일관되게 게으른 의지박약잔데!

암 환우가 되자 일상은 단조로웠다.

'아침식사-숲 산책-따뜻한 물에 샤워 – 점심식사-졸면서 책 읽기-글쓰기-저녁식사-영화 보다 잠들기.'

환상의 나날이었다. 지난여름 수술 후 무료함과 공허함이 덮쳐왔다. 그 무료함과 공허함은 또 다른 글쓰기로 이어졌다. 한 포털의 '브런치' 작가가 되었다. 그 세상에선 호칭이 다들 '작가님'이었다. 처음엔 오글거렸지만, 곧 적응했다. 글을 쓰면서 단조로운 일상이 더 단조로워졌다.

'아침식사-노트북 켜고 글쓰기-점심식사-노트북 앞에서 글쓰기 or 숲 산책-따뜻한 물에 샤워-저녁식사-책 읽기-영화 보다 잠들기.'

출간 이야기가 오가던 무렵엔 더, 더 단조로워졌다.

'아침식사-노트북 켜고 글쓰기 – 점심식사-노트북 앞에서 글쓰기-따뜻한 물에 샤워-저녁식사-노트북 앞에서 글쓰기-영화 보다 기절하듯 잠들기.'

알다시피 아무도 강요하지 않았고, 재촉하지 않았다. 읽고 싶은 책은 쌓여가고, 보고 싶은 영화도 쌓여가고, 쓰고 싶은 글도 쌓여갔다. 욕망은 무한정이다. 시간은 한정적이다. 체력은 더 한정적이다.

시간이 줄줄 샜다. 체력도 덩달아 샜다. 어디서 시간이 새고 체력이 새는지 잡아야 할까? 관리해야 할까? 가계부 말고 '시'계부, '체'계부라도 써?

2021년 탁상 달력과 다이어리를 만지작거린다. 2021년엔 좀 계획적 인간으로 거듭나 볼까? 3일에 한 번 작심하면서?

다이어리 쓰려면 무슨 색 볼펜이 좋을까?
어떤 펜이 필기감 좋았지?
포스트잇도 사야 하나?
마스킹 테이프 같은 걸로 꾸밀까?
요즘 스티커도 이쁜 거 많던데, 그것도 살까?

하! 2021년에 나는 문구류 욕망하는 사람이 될 모양이다. 그것도 아주 계획적으로!

-자기 오늘 책만 읽는다고 하지 않았어? 노트북은 왜 켰어?
- 어? 뭐라구?
하고 싶은 거 많고, 할 일 많은데 또, 또 글 쓰고 있다. 으이그, 게을러빠져서!

# 나는 글 쓰는 암 환우다

결국 얼마나 긴 시간 척도로 변화를 보느냐에 따라 '평온과 고요의 지구'가 '격동과 소란의 행성'이 될 수도 있다. 인생 100년에서는 상상조차 할 수 없는 사건이라도 100만 년이라는 긴 세월에는 필연적으로 발생할 수 있기 때문이다.

-칼 세이건의 《코스모스》 중에서.

2017년 8월에 암 환우가 되었다.

표준치료가 진행되면서 몸과 영혼이 분리됐다. 몸은 몸대로, 영혼은 영혼대로 제 살 궁리에 나섰다. 누구나 그렇듯 인생 뜻대로 되지 않았다. 세상 불운이 날 향해 돌진해 왔다. 피해의식에 시달렸다. 도대체 나한테 왜 이러는 거냐고! 온갖 방법 동원해서 화딱지를 다스렸다. 이게 어디야. 괜찮아. 욕심내지 말자. 진정하자. 겨우 숨 돌리면 기다렸다는 듯 뒤통수 후려치고 내달리는 불운. 그런 일은 반복해서 일어났다. 그게 삶이었다. 남들 다 겪는 불운은 마땅히 내 것이었다. 남들 다 피해 가는 불운도 당연히 내 것이었다. 더는 내려놓을 것도, 뺏길 것도, 잃을 것도 없었다. 무소유라며 허허 웃었다.

모든 불운이 내 탓은 아니야. 자책을 멈췄다. 삶은 그런 꼬락서니조차 거슬렸나 보다. 그 마음마저 훔치려고 호시탐탐 노렸다. 아, 좋다. 입 밖으로 소리 내면 득달같이 달려들어 물어뜯었다. 행복과 웃음은 뒤로 빼돌렸다.

내 안의 긍정적인 감정은 불운을 제조하는 원료로 사용됐다. 이것마저 빼앗기면 어쩌나 눈치 보며 종종거렸다. 나는 행복하면 안 되는 사람이구나. 행복한 내 꼴 보기 싫은 누군가 등 뒤에서 날 노리고 있는 망상에 시달렸다. 빼꼼히 고개 쳐드는 행복은 있는 힘껏 밟았다. 행복과 손 닿는 순간, 지금보다 더 불행의 나락으로 떨어질 게 뻔했다. 끝모르고 망가졌다. 반짝이는 내 안의 행복이 달아나지 못하게 장막을 덮고 그 아래 숨었다.

너마저 뺏길 순 없어. 그게 글쓰기였다.


거추장스러운 감정 털어낸 눈빛으로 의사가 '암'이라고 했을 때 속으로 환호성 질렀다. 드디어 죽을 수 있구나. 지리멸렬한 삶을 끝낼 수 있구나. 안도했다. 나 암 환우야. 이름표 달고 돼먹지 않게 굴었다. 우대해달라며 응석을 부렸다.

아픔은 이기적이고 못된 나의 방패막이 되었다. 비합리적이고 비윤리적이고 비상식적인 감정과 행동을 정당화시켰다.

암은 삶의 요술방망이였다. 내 멋대로 살았다. 설령 죽는대도 그 죽음은 나약한 도피가 아니었다. 내 몸과 영혼 칭칭 감고 숨통 조여오던 칡덩굴 같은 관계가 하나둘 잘려 나갔다. 하아, 몇십 년 만에 숨다운 숨을 토해냈다. 몸은 만신창이가 되었지만, 영혼의 혈색은 돌아왔다.

그 기이한 이중생활은 한동안 지속됐다. 몸은 병원을 떠돌며 무너졌고, 영혼은 침잠해 있던 욕망을 끌어올리며 생기 돋았다.

글쓰기를 시작했다. 돈도 밥도 안 되는 글 쓰느라 엉덩이 배기고 오십견이 왔다. 재활의학과 주치의가 도수치료를 권했다. 눈은 침침해졌다. 카프카는 '책은 내 안에 얼어붙은 바다를 깨부수기 위한 도끼'라고 했다. 나에겐 글쓰기가 그랬다. 니코스 카잔차키스는 자신의 영혼을 '세계를 만지는 촉수 다섯 개 달린 덧없는 동물'이라고 했다. 나에겐 글쓰기가 그랬다. '암'을 핑계로 시작된 글쓰기는 호흡이고 맥박이었다. 밥이고 반찬이었다. 꽝꽝 얼어붙은 내 영혼 깨우는 도끼고, 자아를 더듬는 수십 개 촉수였다.

- 소설을 써봐.

- 그럴까? 호호호.


내 안에 득시글대는 무수한 타자(他者). 무수한 정체성.

'암 환우'로 날 바라본 적 없다. 타인이 나를 그렇게 규정하는 것도 싫었다. '암' 말고 다른 '무엇'으로 나를 정의하고 싶었다. '암'을 떼버릴 수 없다면, 그보다 강력한 '무엇'이 '암'이 가진 치명적 농도를 희석해 주길 바랐다.

결혼 이후 별다른 정체성 없이 25년을 살았다. 아니, 삶이 내게 요구하는 정체성은 많았지만 하나같이 내 맘에 들지 않았다. 직업란엔 직업인지 아닌지 모호한 '전업주부'를 적었다. 가정과 가족에게 영구 종속된 존재. 내 소속은 가정이고, 내 상사는 가족이었다. 누구의 '아내', 누구의 '며느리', 누구의 '엄마.' 그건 관계가 부여한 호칭일 뿐 나의 본질은 아니었다. 암 진단 전 3년 간 직장에 다녔지만, 그 일도 나의 본질과 거리가 멀었다.

살아오면서 내가 원한 '무엇'이 되어본 적 있었던가. 지난 3년 그 '무엇'을 찾겠다고 글 쓰며 끙끙거렸다. 어쩌다 이 지경까지 왔는지 알아야겠다며 나를 뒤지고 파헤쳤다.


적당히 써, 그러다 몸 상할라.
조급하게 굴지 말고, 천천히.
무엇보다 건강이 우선이야.


하루 쓸 수 있는 에너지는 한정적이었다. 일상 속 불행과 다행 공존. 불행인 건 절대적 시간이 줄었고, 다행인 건 그런 이유로 하고 싶은 일에만 집중했다.

미니멀해진 일상. 내 일상의 중심은 숲 산책과 글쓰기였다.

그 단순한 일상 속에서 나는 깨어났다. 움직이고 생각하는 모든 것, 숲 산책과 영화 보기, 책 읽기는 모두 글쓰기로 흘러들었다.

아침에 노트북을 켜고 앉으면 밤새 고인 글을 쓰고 싶어 손이 벌벌 떨렸다. 막스 프리쉬는 "글을 쓸 아무 계획이 없는데도 나는 도저히 참지 못하고 조그마한 타자기 한 대를 샀다"라고 《몬타우크》라는 소설에 썼다. '타자로 문장을 처넣고 싶은 이 강박.'

나는 쓰는 중에도 쓰고 싶어 안달 났다. 이 모든 걸 쓰지 못하게 될까 봐 손가락이 자판 위에서 튕기고 미끄러졌다. 그때 나는 살아있었다. 죽음보다 삶에 더 가까이 있었다. 감히 행복했다. 내 안의 '무엇'을 찾겠다고 시작한 글쓰기가 그 '무엇'이었다. 50년 동안 모른 채 살아온 나의 본질이고 정체성이었다.

그런 날 보며 사람들은 말했다.

- 봐봐. 모든 게 나쁜 건 아니라니까. '암' 때문에 '글쓰기'를 얻었잖아.

동의했다. 그러나 그 말은 그렇게 쉽게 나불거릴 만큼 얇지 않았다. 하나를 내주고 다른 하나를 얻는 과정이었다. 순탄할 리 없었다. 죽음을 담보로 한 교환이었다. 온전한 몸과 맞바꾼 온전한 영혼. 이 거래를 통해 얻는 이익은 무엇이고, 손해는 무엇일까.

왜 나는 '건강'과 '글쓰기' 둘 다 가지면 안 돼? 고작 두 개잖아. 당신들은 세 개, 네 개, 그 이상 갖고 누리면서 왜 나는 이 정도에 감사하고 만족해야 해?

욕지기가 올라왔다. 오래가진 않았다. 그럴 시간에 쓰고 싶었다. 온전한 몸과 온전한 영혼 중 하나 선택하라면 온전한 영혼이었다. 글쓰기는 온전한 영혼을 가능하게 하는 도구이자 통로였다.

우연한 기회에 출간을 제안받았다. '출간'은 돈도 밥도 안 되는 그깟 글쓰기에 의미를 부여해줬다. 글쓰기를 용인해줬다. 암이 게으른 내 몸을 합리화시켰다면, 글쓰기는 쓰는 행위의 주체인 나를 합리화시켰다.

출간 제안 소식을 그에게 알렸다.

-뭐, 사람 취향은 다 다르니까.

그래, 어쩌다 보니 당신과 다르게 내 글을 읽는 사람도 있긴 있더라. 날 읽지 않는, 읽으려 하지 않는 그와 살았던 시간은 몸서리치게 외로웠다. 그래서 불행했다.

쓰면서 알게 됐다. 외로움과 불행은 그가 아니라 쓰지 못한 내게서 나왔다는 걸. 더는 타인의 사랑을 갈구하느라 외롭지 않다. 더는 사랑받는 존재가 아니라 불행하지 않다. 나는 나로 인해 환희로웠다. 정신의 오르가슴.


사람들은 우울함을 달고 다니는 내게 뭐가 문제냐고 물었다. 그들이 말하는 '문제'는 없었다. 표면적으로 나는, 내 삶은 완벽했다. 문제는 외부에도 내부에도 내가 없다는 거였다. 그 어디에도 없는 존재. 몸은 살아있었지만, 영혼은 죽은 허깨비 같은 존재. 암 환우인 내게 사람들은 '엄마'니까, '아내'니까 살아야한다고 했다. 엄마가 없는 아이들이 안쓰러우니까, 아내가 없는그가 불쌍하니까. 그 누구도 나 자신을 위해 살아야 한다고 말하지 않았다. 나는 다른 누가 아닌 나를 위해 살고 싶다. 그 이유가 필요했다. 내가 나로 존재해야 하는 이유.

암 환우가 되자 일상의 공식은 뒤집혔다. 몸은 죽음을 향해저벅저벅 걸어갔고, 영혼은 삶을 향해 달렸다. 한쪽으로 치우친불균형한 삶. 그 기울기에서 영혼의 멀미가 왔다.

삶의 완벽한 균형은 도달할 수 없는 이상향이다. 삶은 그 지점을 향해 걸어가는 과정이다.


-깨끗합니다. 새로 생긴 것도 없고, 기존에 있던 암세포도 옅어졌어요. 계속 이렇게 치료하면 됩니다.

입랜스 7차 복용을 앞두고 얼마 전 찍은 CT 촬영 결과가 나왔다. 다시 3개월 삶을 허락받았다. 적선 받는 기분이었지만, 기뻤다. 두어 달 영혼의 숨통 꽉 움켜쥐고 있던 '격동과 소란'의공포가 사라지고 '평온과 고요'가 찾아왔다. 퇴고 핑계로 글쓰기에 몰입하지 않았다면 진즉에 주저앉았다. 고통과 통증 지배하는 '격동과 소란'을 지날 땐 거시적으로, '평온과 고요'를 지날땐 미시적으로 요령껏 살면 된다.

삶의 기울기는 내 의지 밖 일이다.

-글만 쓰고 싶어.

-그래.

글 쓰는 동안 행복해서 불안했다. 이렇게 행복해도 돼? 누가 시샘하면 어쩌나 초조해서 자꾸 등 뒤를 돌아봤다. 서둘러 웃음을 거둬들였다. '어쩔 수 없이' 쓰는 척했다. '치유하기 위해' 쓰는 척했다. 글쓰기를 오롯이 사랑했지만, 다른 이유를 갖다 붙였다. 나는 '포장의 달인'이었다. 글 쓰는 사람. 내가 원한 건 그 하나였다. 그 뒤에 '암 환우'가 따라붙든 말든 상관없다. 어차피 방점은 '글 쓰는' 위에 찍혔다.

출간 제안은 기뻤지만, 글쓰기의 목적이 출간은 아니었다. 글쓰기 목적은 글쓰기다. 중심은 글쓰기고 나머지는 부수적인 것들이었다.

영혼의 욕망을 잃었던 나는 죽음을 원했다. 죽음 문턱에서 기적적으로 글쓰기를 통해 부활한 내 안의 욕망. 상처투성이 영혼. 죽어도 그만이라며 깐죽거리던 오만방자함이 삶에 대한 강렬한 바람으로 치환되었다. 삶은 50년 동안 찾아 헤맨 정체성을 죽음과 함께 줬다. 고마웠지만, 원망스러웠다.

죽는 순간까지 글 쓰고 싶다? 아니. 글 쓰고 싶어서 살고 싶다. 암 환우라는 꼬리표? 암 환우는 내 안의 무수한 자아 중 하나일 뿐이다. 꽝꽝 언 바다 깨부수고, 수많은 촉수 더듬으며, 광활한 우주 안의 '나'를 좀 더 쓰고 싶다. 미치게.

나의 본질은 글쓰기다. 글 쓰고 있을 때 호흡이 돌아오고 맥박이 뛰며 생명의 징후들이 보이고 영혼이 깨어난다. 그 순간 행복과 불행은 감정의 하위 개념이다. 글쓰기는 어디서도 맛보지 못한 몰입과 희열로 나를 달군다.

내 안의 암세포와 공존하며 글 쓰며 살고 싶다. 그게 죽음 앞에서 만난 나의 본질이고, 정체성이다.

# 암과 살아도 다르지 않습니다

초판1쇄 발행 2021년 04월 20일

**지은이** 이연
**펴낸이** 정광진

**펴낸곳** (주)봄풀출판
**디자인** 모아김성엽

**신고번호** 제406-3960100251002009000001호
**신고년월일** 2009년 1월 6일

**주소** 경기도 파주시 회동길 455-2, 4층
**전화** 031-955-9850
**팩스** 031-955-9851
**이메일** spring_grass@nate.com

ISBN 978-89-93677-00-3 03330